從今以後，我只為自己呼吸

38種活出自己的療癒練習

Poche—著

あなたはもう、
自分のために生きていい

連雪雅—譯

前言

「想改變這樣的自己。」
「不知道自己的風格是什麼。」
「無法喜歡自己。」
「不知道與他人的距離感。」
「做什麼都做不好。」

繼續這樣下去不行，必須改變現在的自己，可是不知道該怎麼做才好……越來越多像這樣把自己逼入絕境的人，來找我進行心理諮商。

我接觸過許多認為「都是自己的錯」，幾十年來一直深陷自責的人。

不管怎麼努力就是不順利、覺得這樣的自己活著沒價值……有些人會像這樣把自己逼入絕境。

將工作、感情或人際關係的不順利，全都當成自己的錯，獨自攬下一切，也有很多人為了想辦法解決，會有「必須更努力」的想法。

可是，這世上很多事「其實不是你的錯」。

那個人心情不好、那個人老在生氣、你的身心狀態失衡，就連過去被責怪「都是你的錯才會變成這樣」、「都是你不好」的那些事，很有可能其實不是你的錯。

「我第一次說出無法對任何人說的事。」
「終於被了解。」
「我第一次遇到認同自己的人。」
「心情變輕鬆了。」

這些是接受過心理諮商的諮詢者經常會對我說的話。

即使辛苦還是硬撐、很想依賴卻又忍耐、希望對方了解自己卻不被傾聽、努力說出口卻遭到誤解……我的心理諮商診所就是為了讓這些人感到安心，能坦白說出真心話而存在的。

「說出真心話，不被否定，能夠被接納。」

光是有這樣的感覺，很多人就能實際感受到一直以來的煩惱減輕許多。知道其實不是自己的錯就會減少自責的次數，也會察覺到以往忽視的「自己的優點」。

透過心理諮商的經驗，我感受到為了不是自己的錯而煩惱的人其實很多，也開始思考有什麼方法能夠讓他們察覺，於是在社群網站開設了帳號。心理諮商是一對一的形式，若是透過社群網站，就能向更多人傳達我想說的話。

不過，有別於一對一的心理諮商，同時向許多人傳達自己的想法也有困難之處。

例如，「不努力也沒關係」這句話。

有些人聽了會鬆一口氣，也有人會覺得過往的努力遭到否定而感到痛苦。因為身邊有不努力的人而吃盡苦頭，或是處於必須獨自努力狀況的人，聽到這句話反而會生氣，心想：「那我該怎麼辦才好？」

可見對某人來說是救贖的話，另一個人聽了卻可能會覺得痛苦難受。因此，我經常提醒自己不要說出「這樣才正確」這種斷定的話。該怎麼做才對，會依每個人面臨的狀況或每個人的個性而異。

本書完整收錄了我在社群網站發表時，受到字數限制無法寫完的想法。我也選出我在社群網站發表時，引起廣大迴響的內容，並回答「為什麼會發生這種事？」、「應該怎麼辦才好？」之類的疑問。

希望閱讀本書後，一直以來深陷自責的你，能夠減少自責的次數。

總是為了他人勞心勞力的你，今後請試著把時間和體力花在自己的身上。

希望早上醒來就覺得「好累……」的你，往後的每一天都可以過得輕鬆些。

更重要的是，希望本書能夠成為讓你「察覺」如何活得輕鬆的契機。

Poche

Contents

Chapter 1

捨棄那些成見吧

Chapter 2

別再被他人牽著鼻子走

Chapter 3

討厭就討厭，沒關係

Chapter 4

軟弱不是你不好

Chapter 5

你可以變得幸福

Chapter 6

消除心累的方法

Chapter 1

捨棄那些成見吧

被稱讚的時候，只要不否定就可以了

有些人被稱讚了卻不覺得開心。
因為如果被稱讚的事，
是小時候被父母否定過的事，
例如外表、成績、行為舉止、談吐、
個性等，就會很容易出現拒絕反應。
心想「怎麼可能」，無法坦率地接受。

小時候很少被稱讚的人，
有時候會覺得「怎麼可能為了這點小事被稱讚」，
而對他人產生不信任或厭惡感。

被稱讚了就必須表現得很高興，你會這麼想嗎？

被稱讚了卻不覺得開心，這樣的自己很奇怪、很冷淡、好像異類……你不必為此煩惱。

因為本來就沒人規定「被稱讚了就必須感到高興」，所以完全沒關係喔。

我想告訴各位的是「為什麼被稱讚了卻無法感到高興」的原因，而不是「被稱讚了如何高興的方法」。

只要知道原因，或許就不會為了過去「無法高興的自己」感到自責。

接下來進入正題，「被稱讚了卻不覺得開心」有三個原因。

原因1

被稱讚的事情不如預期

買到喜歡的鞋子，滿心歡喜地穿出門，卻是被稱讚「今天的髮型很好看喔！」，聽了也高興不起來，對吧？

「雖然不討厭，但也不會覺得開心」、「被稱讚了，卻不是我想聽的……」，被稱讚的事情和自己的期望不同時，容易產生不被了解的不滿。

那種無法言喻的鬱悶心情，正是內心在呼喊著「不是那個啦！」。

原因2

不習慣被稱讚

這是小時候很少受到父母稱讚，或是在家裡長期壓抑自身情感的人常見的傾向。

較少感受到「爸媽認同我了！」經驗的人，容易感到害羞，不習慣被其他人稱讚。

認為做得到是理所當然的事、在經常受到指責的環境中長大的人，越容易感到困惑，覺得「這點小事值得被稱讚嗎？」，而不知道該有怎樣的反應。

雖然不是不高興，卻不知道該怎麼反應才好。

原因3 被稱讚的事情是被父母指責或否定過的地方

過去惹父母生氣或被指責過的事情，會讓大腦深刻記住那些是「不好的地方」、「必須改掉的地方」。你為了不再因為惹怒對方而感到恐懼或受傷，所以牢牢記住了那些事。

當過去「牢牢記住的事」被別人稱讚時，就會產生異樣感或厭惡感。

這時候，大腦裡會有各種感受激盪，像是「怎麼可能……（但若真是那樣，其實很開心）」、「他真的是那麼想嗎？（心存懷疑）」等。

被稱讚時，如果「不知為何」無法欣然接受的話，**請試著想一想被稱讚的內容「是不是被父母指責過的事情」**。

除了父母，親戚、老師或兄弟姊妹等身邊的人說的話也會造成影響。

不過，即使如開頭所述，「被稱讚了就算不覺得高興也沒關係」。

或許有人會想「那被稱讚了該怎麼做才好？」。

被稱讚的時候，只要不否定就可以了。

能說一句「謝謝」，那就更完美了。

假設朋友費心為你挑選了一份禮物。

即使那個東西不符合你的喜好，或是你已經有了，你還是會說「謝謝」，收下它吧？

送禮物給某人時，如果對方說「我已經有了……」而拒絕收下，或是「這不符合我的喜好，我不需要」而退回的話，你會覺得很難過，對吧？

稱讚的話語也是對方給你的禮物。

「稱讚了也不覺得開心」，就像收到不想要的禮物，或是不符合自己喜好的禮物，讓你無法由衷地感到「好開心!!」。

對方總是稱讚同一件事的話，也許你還會不耐煩地覺得「又來了」，或是「我只有那件事值得稱讚嗎？」而感到失落。

不過，就像收到禮物的時候那樣，只要接受並說聲「謝謝」就可以了。

就算沒有感到高興或開心，只要不否定對方的稱讚就好。

如果你被稱讚了卻不覺得開心，還為此感到自責的話，請試著想成**「被稱讚了就算不覺得高興也沒關係」**。因為你並沒有做出任何要被責罵的事。

被稱讚了，說聲謝謝！

即使不相信，
即使懷疑、無法認同，
即使不覺得高興也沒關係。
只要試著去接受
「被稱讚了」這件事，
只要這樣就可以了。

盡力了卻不順利，不是你的錯

許多覺得活得很累的人，
小時候都被教過「1＋1＝3」
這樣不合常理的事，
而且他們還會深信那是正確的。
所以就算再努力，答案還是不對。
因為套用了錯誤的公式，
越是努力，差距越大，
更加覺得活得很累。

盡力了卻不順利，也許不是你努力得不夠，也不是你的個性有問題。

對人際關係感到煩惱的人，並非「不努力的人」或「不盡力的人」。
他們都是用自己的方式在努力，用自己的方式在盡力的人。

那麼，為什麼已經努力了，人際關係還是不好呢？
那是因為**「人際關係的基礎」有所偏差**。
例如，一直認為「1＋1＝3」。

其實，這種人際關係的基礎（1＋1＝3），是在小時候的親子關係中建立起來的。

小時候第一次接觸到的人是父母。對於懵懵懂懂、不知善惡、不了解社會規則的孩子來說，一切行為都是為了獲得父母的愛和認同。

人際關係的基礎大多是在零至六歲左右形成。

在自己尚無明確記憶的時候，我們就會開始學習「要這樣與他人互動」、「這麼做就會受到稱讚」、「這麼做會被討厭」。

大部分的人聽到這些，都會驚訝地表示：「不會吧！那麼早以前就開始了嗎？」

舉例來說，**在「你要那樣做」、「給我這樣做」這種受到控制的環境下長大的人，就會非常厭惡受到他人指示。**

就算不會馬上回嘴，腦子裡也會反駁對方。如果一直有這樣的想法，就會覺得很累。

若是在父母凡事過度干涉的環境下長大，就很難自己作決定並展開行動。因為從小就被父母剝奪了獨自思考和行動的機會，要自己作決定時便反而不知道該怎麼做。

害怕失敗而無法行動、無法作決定的人不在少數。

凡事都要看父母臉色的人，對於以自己為優先去思考事情會有罪惡感。比起自己想怎麼做，更重視「父母想要我怎麼做」；知道重視他人的方法，卻不知道「重視自己的方法」。

對於以自己為優先的行動、說出自己的意見，會覺得「這樣很任性」，於是往往會壓抑自己。

和父母相處的方式，會建立起「人際關係的基礎」。

人際關係的基礎如果有偏差，越是盡力越是努力，人際關係反而會惡化。

左述都是「1＋1＝3」這種有偏差的成見。

請想一想，你是否也有這樣的成見呢？

＊不可以依賴他人

＊必須取悅他人

＊不要輕信他人

＊不可以軟弱

＊不可以有負面情緒

＊不付出就不會被愛

首先很重要的是，了解現在的自己受到了父母怎樣的影響。

如果你察覺到自己的人際關係是建立在不合常理的「1＋1＝3」前提條件，那就試著回到合理的「1＋1＝2」狀態。

把「不可以依賴他人（1＋1＝3）」的成見，換成「可以依賴他人（1＋1＝2）」，心情就會輕鬆許多。

有些人因為父母很忙，無法依賴父母；因為父母心情不好，沒辦法撒嬌；被別人拜託，就會很樂於努力。可是，有些人卻是從小就被教導「不可以依賴別人，不要麻煩別人，自己做！」。

另外，有些人基於某些因素無法依賴父母，或是覺得幫助他人毫無意義，甚至不知道「可以依賴他人」。

或許小時候，你身邊沒有可以依賴的人。

但長大後的你，可以選擇今後的人際關係。

你的周遭「只是剛好沒有可以依賴的人」，但這世上「可以依賴」或「希望被依賴」的人很多。

雖然凡事依賴他人也是一種問題，**但只要思考過要依賴誰、到哪種程度、應該怎麼依賴對方，就可以了。**

過去被說「你這個人〇〇」的那句話
束縛了你的心

很多人在無意識的情況下，
被身邊的大人說過的話持續影響。
「因為我這個人〇〇……」，
會這麼想的原因大多也是如此。

小學時反覆背誦而記住的「九九乘法表」，
即使長大了也能馬上背出來。
由此可見，「過去不斷被說的事」會持續對你造成影響。

失敗的時候、不順的時候、提不起勁的時候，你是否對自己說過不好聽的話？

像是「因為我這個人○○……」而感到沮喪，或是「看吧——」、「反正」、「我就知道」等。

請試著回想看看，曾經對自己說過的這些「負面的話」。

當你想起這些負面的話時，有沒有想到誰？

或許那正是你小時候被那個人說過的話。

「為什麼做不到？」、「那樣不行」、「你這是像誰啊」、「哥哥就做得到」等，過去和某人比較的事也會對你造成深刻的影響。

請回想看看，即使沒有被誰當面說過這樣的話，你也有沒有從某人的態度察覺到「他是這麼想的吧……」？

大聲嘆息、憐憫的眼神、難過的表情、焦躁的神情、困惑的樣子……你有沒有曾經從父母的這些表情中，察覺到自己在思考「現在應該怎麼做」？

例如，說出「我想學這個才藝！」時，父母頓時臉色鐵青。

孩子會立刻察覺到很多事，例如「啊，好像不行」、「因為很貴吧」、「糟了！」、「完了，要被罵了」等，然後思考哪個選擇對自己傷害最小。

在親子關係中，即使對方沒有直接說出「不行」，你也會像被說了一樣，留下深刻的影響。

為什麼長大之後，還會記得小學背過的「九九乘法表」呢？

那是因為，你在小時候不斷複誦才記住的。

父母說的話或態度也會對你造成影響。

父母反覆說過的事，或是父母的態度影響了你，讓你產生「因為我這個人○○……」的想法，在長大之後依然留在你的心中。

如果那是正面的話，就完全沒問題。

若是灌輸了「你做得到！」這種正面想法的話，你會獲得挑戰的勇氣。沒自信的時候也不會一直垂頭喪氣，而能夠振作起來。

反之，若是被灌輸「你做什麼都不行」這種負面想法的話呢？挑戰之前就會產生「反正我不行……」的消極念頭而放棄，失去自信的時候也會想「我果然不行」而更加沮喪低落。

因為我沒有行動力、因為我不擅長與人相處、因為我無法好好表達、因為我很健忘、因為我很笨拙……

你是否也常說出令自己痛苦的話，像是「因為我○○……」？

若是如此，**請先從試著「不說」令自己痛苦的話開始**。

如果覺得很難做到，請試著這麼說：「因為我○○……但都是過去的事了！」

這麼一來，過去灌輸的負面話語（成見）的影響就會慢慢減少。

你不一定要相信別人

小時候有過「被信任的人背叛的經驗」，
就會無法坦然接受周圍的關愛。
為了避免再次陷入痛苦，
而不對他人保持期待。
因為沒有期待就沒有傷害。
相信他人而受過傷的人會認定
「不相信比較好」、
「保持距離才不會受傷」。

就算被說「你真不坦率」，事實也並非如此。
你沒有要傷害對方的意圖，
那只是一種心理防衛機制。

「必須相信他人」，才沒有這回事。
因為這世上有很多無法相信的人，或是不相信比較好的人。

如果你為了「不相信任何人」而煩惱，或是「想相信卻相信不了」，那是因為你心中有著「相信過某人卻遭到背叛的經驗」。

「遭到背叛」聽起來好像是很嚴重的事，但多數讓你覺得「無法相信他人」的起因，在旁人眼中卻不是那麼嚴重的事。

人們在無法得到期待的結果時，會感到「被背叛」、「受到傷害」。發生與自己的預想不同的事而受到傷害時，容易感到「被背叛」，這和對方有無惡意無關。

重點在於，**自己有什麼感受**。

下面是一些「無法相信他人」的起因。

＊明明說了「不要告訴別人」（期待），卻被大肆宣傳（結果）。
＊有難過的事，希望對方傾聽（期待），對方卻沒有傾聽（結果）。
＊希望對方同理自己的心情（期待），卻被說「就為了這點事……」（結果）。
＊被信任的人（期待），說壞話（結果）。
＊明明約好要去玩（期待），對方卻和別人去玩（結果）。

如果對方是「信任的人」或「親近的人」，這類對你來說關係親密的人，你的心裡受到的傷會更深。

對孩子而言，父母是「相信的人」也是「親近的人」。

因此，小時候發生的事多數會成為「無法相信他人的起因」。

試著想像，有個小孩在公園裡跌倒，正在嚎啕大哭。

這時候，不認識的人破口大罵：「不要為了這點事就哭！」以及信賴的父母說：「不要為了這點事就哭！」那個孩子心裡受傷的程度肯定截然不同。

假設跌倒的孩子期待得到的回應是「摸摸頭」、「溫柔的關心」、「被扶起來」。

然而，現實中卻是「被信任的人責罵」這種出乎意料的情況。

像這樣發生有別於期待的情況時，我們會感到「受傷」、「被背叛（得不到期待的回應）」。這種經驗不斷累積，很容易變成「不要相信他人比較好，因為被背叛會受到傷害」的想法。

你在小時候應該也有「無法相信他人的起因」。

沒有人是天生就不相信別人的。

也許長大之後，你會覺得「那個起因」是「微不足道的背叛」、「常有的事」，這表示你的內心已有所成長。這樣很好。

但對小時候的你來說，那些事應該是「嚴重的背叛」或「重大的打擊」。

假如你「現在仍會想起」、「現在還記得」過去的事，那就表示「你當時受到了很大的傷害」。如果是沒什麼大不了的事，早就忘記了。

對孩子而言，家庭或學校就是他們的人生。

所以在家庭或學校受到的打擊，會讓他們覺得「世界毀滅了」，在心中留下深深的傷害，這麼說一點也不誇張。

假如「當時的痛苦心情」沒有消除就這樣長大，當時的心情就等於是處於被冷凍保存的狀態。

如果一直被冷凍保存著倒還無妨，突然解凍的話，當時的感覺就會變得鮮明。

於是，眼前的人在心裡和「過去背叛你的人（或事情）」有所重疊，讓你無意識地作出「不要相信比較好！」、「相信了會受傷！」的判斷。

現在你想相信的人和「過去背叛你的人」是同一個人嗎？

如果不是，那可能就只是你的內心回想起了過去，而處於警戒狀態。

那個人不是當時的「那個人」。

也許你可以相信他。

你可以相信別人！

也許是過去受傷的經驗讓你阻止自己，
覺得「不要相信別人比較好」。

不過，眼前的那個人
和過去傷害你的「那個人」
或許不同喔。

小時候學會怎麼當「好孩子」，反而讓你活得很累

小時候被周圍的人稱讚
「你很懂事不添麻煩，是乖巧的好孩子」。
以大人的角度來看或許是「好孩子」，
但其實是孩子本身相當努力。
為了受到喜愛，忍著不耍任性、
不鬧脾氣、不給別人添麻煩。

結果反而被認為「這孩子就算不管他也沒關係」，於是被放任不管，覺得不被理解，越來越孤單。即使長大了，也容易陷入這樣的負面循環。

- ☑ 總是聽從有威嚴的人說的話
- ☑ 無法拒絕別人的請託
- ☑ 即使沒被拜託，也會留意狀況並主動去做
- ☑ 會說出對方想聽的話
- ☑ 不說和對方不同的意見或想法
- ☑ 比起自己想做的事，以對方想做的事為優先
- ☑ 即使很累很辛苦，還是覺得必須靠自己努力
- ☑ 傾聽別人抱怨，自己卻從不抱怨

右述這些行為，你符合了幾項呢？

這些行為並非「不可以」。

因為在與他人的溝通上，這些行為有一定程度的必要性。

不過，如果你覺得「都只有我在忍耐」、「總覺得很吃虧」、「那個人很狡猾」而心裡感到煩躁，可能是因為這些行為會令你感到痛苦。

小時候學會怎麼當「好孩子」，長大後反而會讓你「活得很累」。

小時候當「好孩子」是你保護自己的手段。

那是為了不惹怒父母或老師的手段，是和兄弟姊妹或朋友融洽相處的必要行為。

對小時候的你來說，當「好孩子」也許是讓自己被他人接納的手段。有些人不當「好孩子」會感到不安，覺得失去容身之處，覺得會被討厭、被孤立。

可是現在的你已經長大了，不必再勉強自己扮演「好孩子」。
現在的你和小時候已經不同了，你可以自己選擇環境或對象。

長大後要持續當「好孩子」，就必須壓抑自己。
這麼一來，就算討厭也無法拒絕，無法說出自己的意見，因為無法展現「真正的自己」而苦惱。

當「好孩子」是否正在耗損你的身心呢？
是不是覺得只有自己在承受負擔呢？
是不是覺得周遭的人以「好孩子」利用了你？
是否因此感到煩躁呢？

因為無法擺脫「好孩子」而感到痛苦的人越來越多。

如果小時候當「好孩子」這件事令你感到痛苦，如今的你可以選擇「不再當好孩子」。

你可以自己決定是否要繼續當好孩子。

從好孩子畢業吧！

小時候為了保護自己，
選擇當「好孩子」，
這件事有時卻讓長大後的你
感到痛苦。

這時候，暫時停止扮演好孩子。
即使你做得到，
也沒人規定你非做不可。

有些人為了消除壓力，
必須「什麼都不做」

有些人不懂得怎麼消除壓力，
等到出現身心症，
動彈不得、情緒爆發，
才察覺自己已經到了極限。

小時候對大人說的話言聽計從，
即使覺得不合理也努力接受的人，經常會有這樣的傾向。
那不是他們不懂得自我管理，
而是內心對於辛苦或痛苦變得遲鈍了。

接下來要說的是，社會上普遍認為「消除壓力的常見方法」。
請先試著讀讀看，讀完之後問問自己，對於這些方法「有怎樣的感受」。

如果要消除壓力，首先必須遠離造成壓力的原因，這點很重要。
在這樣的前提下，規律的生活與均衡的飲食是基本要件。做日光浴或伸展操就能重新調整體內的生理時鐘。

接著減少使用手機或電腦，外出活動身體，多和他人談天說笑，或是專注於能夠讓自己忘記討厭事物的興趣，也會有不錯的效果。寫下現在的心情，關注如何成為理想的自己，有助於穩定煩躁的心情。

覺得「對耶，來試試看吧！」、「好像不錯喔」的人

不必全部實行，也不必覺得做了就得持續下去。先試著做一次，把覺得「這個不錯」的方法當作消除壓力的方法。

想要一次全部做完的話，反而會造成壓力。

覺得「我早就知道了」、「又是這個啊」、「那些事我做不到」的人

會有這樣的想法，那是因為你一直很認真思考「想消除壓力」這件事。

你已經看了書也上網搜尋，試過各種消除壓力的方法。

讀了前文消除壓力的方法覺得不耐煩或感到鬱悶的人，請先好好稱讚「有這種感受的自己」。

你會覺得「我早就知道了」、「又是這個啊」，是因為你有一直在尋找消除壓力的方法；覺得「那些事我做不到」也是因為已經試過各種方法。

會覺得「這些事我做不到！」感到不耐煩，或許是因為你現在的壓力很大。

儘管壓力很大，還是願意翻閱本書，表示你真的很努力，很了不起，很棒喔。

但是，這不代表前文提到的方法行不通。

就像每個人的飲食喜好不同、喜歡的音樂不同，適合用來消除壓力的方法也因人而異。

那只是因為常見的方法不適合你而已。

感到有壓力，代表你的身心處於緊繃狀態。

「因為壓力提不起勁，動彈不得」是因為持續處於緊繃狀態，導致斷電。

如果想要消除緊張、警戒或不安而用力緊繃的狀態，可以用「放鬆」和「休息」來達成。

不是為了消除壓力而去做什麼，有些人為了消除壓力必須「什麼都不做」。

雖然小時候被限制過打電動或看漫畫的人容易心生抗拒，但其實你想要躺著看YouTube影片、打電動或看漫畫都可以。

很多人什麼都不做，只是躺著休息就能消除壓力。

「總覺得這樣很廢」的這種想法，或許是小時候被父母責罵過的經驗殘留在你的心中。

不過，聽音樂有助於消除壓力，不代表打電動就不行。

閱讀商管書籍是好事，不代表看漫畫就不好。

專注看電影很好，不代表專注看 YouTube 影片就是不好的事。

覺得社會上消除壓力的常見方法不適合自己的人，請試著「什麼都不做」，或是做「可以悠哉做的事」。

別被世俗常規認定的「好事」限制住。

感到有壓力，代表你的身心處於緊繃狀態。

沒有什麼是非做不可的。
有時候必須什麼都不做。

你已經可以捨棄過去那些
令你感到痛苦的規範了

- 希望父母笑，必須讓他們開心。
- 不想惹怒他人，想被稱讚，必須認真做。
- 不可以軟弱，必須堅強。
- 不努力就不會被認同。
- 要快點做，動作要快。

小時候學會的保身之術，在你長大面對「他人」時，也會產生相同的影響。

請試著想一想「今天想做的事」和「今天必須做的事」。浮現腦海的，哪一邊比較多呢？

如果你想不到「想做的事」。

如果你只想到很多「今天必須做的事」而心情憂鬱。

希望你能繼續讀下去。

「必須做」、「應該做」這樣的想法是在小時候形成的。

小時候「父母對你有所期待的事」或「為了得到父母認同，努力過的事」、

「被父母嚴厲斥責過的事」，長大後依然鮮明地留在你的心中。

請試著回想看看。

你的父母曾經對你有怎樣的期待？

他們想把你養育成怎樣的人呢？

念書、幫忙做事、和朋友相處融洽……或是父母認為小孩該有的樣子、像個男生或像個女生，也許是這些要求吧。

例如，曾被要求認真念書、考好成績的人，自然會覺得「工作上也要有成果」。

有成果才會被稱讚的人，往往容易過度在意成果。不是以自己有沒有付出努力，而是以「有沒有成果」作判斷。

然而長大之後，不像小時候有很多機會可以得到成果，於是責怪沒能得到成果的自己的情況，或是和周圍比較後感到沮喪失落的情況，就都變多了。

覺得有成果是「理所當然」的人，即使達成目標，也經常對自己很嚴格，認為「不過是這樣而已」、「好還要更好」。

不管怎麼做都不滿意，總是有「好像少了什麼」的感覺。這樣的人，當他們的努力被認同或被稱讚時，通常會很難坦然接受。

曾經因為沒有得到成果受到責罵或讓父母感到失望的人，心裡會有「得不到成果的自己毫無價值……」這種接近恐懼的情感。

過去受傷越深的人，在面臨挑戰之前，往往容易因為「反正我做不到」、「做了也毫無意義」的想法而放棄，那是心理防衛機制選擇了不挑戰。不挑戰就不會讓別人失望，自己也不會受傷。

就像這樣，**小時候父母要求的「規範」，長大後仍會對自己產生影響，讓自己覺得「必須做」、「應該做」**。

在沒有意識到的情況下，這些過去的影響不會被察覺。
自然而然，你就會開始認為那麼做是理所當然。

不過，「必須做」、「應該做」也不是不好的事。
因為這世上有許多必須做的事。

然而，因為「必須做」、「應該做」而內心感到疲憊，或許是「過去的規範」太過強烈。

試著寫下「必須○○」、「應該○○」的事，或是打在手機裡。
全部寫出來後，擺在勉強看得到字的距離，靜下心看一看。

接著問問自己，寫出來的內容是你「想做的事」嗎？
說不定是「小時候被父母要求的事」或「父母對你有所期待的事」。

過去的那些規範對小時候的你來說是不可或缺的事。
生活在那樣的家庭，你必須遵守那些規範。

可是，現在你長大了，那些過去在家中被視為必要的「過去的規範」，很多其實已經不需要了。

為了「必須做」、「應該做」的事，每天過得很鬱悶、對人際關係感到疲累的話，請試著減少「過去的規範」。

減少過去的規範，第一步就是察覺小時候心中的這些成見。

Chapter 2

別再被他人牽著鼻子走

為了不被討厭所作的選擇，容易感到後悔

因為被指責「心機重」、「四處討好」，
而苦惱的人越來越多。
其實，那些人通常不是為了「被喜歡」，
而是為了「不被討厭」。

與其說是為了自己，
反而是為了不傷害對方，不讓對方覺得不愉快，
才謹慎說話。
不是為了對自己有利才那麼做。

如果被說「心機重」、「四處討好」，沒有人聽了會開心。可是，**若是為了對自己有利，「刻意」討好任何人就不會那麼煩惱。**即使因為覺得「真討厭」、「說得很過分」而感到不滿，也不會沮喪到無法振作。

了解討好的好處與壞處後，依然做出「討好」的行為，都是自己的選擇。

會為了那樣的話受傷、煩惱，那是因為「明明沒有那種打算」，卻遭到

誤解。

特別是不是為了被喜歡，而是為了不被討厭，不自覺地做出那樣的行為，就會感到很煩惱。為了不被討厭而努力卻被討厭，自己也會不知道該怎麼辦才好。

請試著想像這樣的情況。

學生時期的朋友突然聯絡你，提出請求：「我想開同學會，你可以幫忙聯絡大家嗎？你放心，我有通訊錄，餐廳也由我來訂。」

你會接受嗎？

還是拒絕呢？

這時候，接不接受請求並非重點。

而是，以怎樣的理由「接受」或「拒絕」。

最理想的做法是，忠於自己的心情作選擇。

「為了朋友，那就答應吧」、「我也想做，那就答應吧」、「對方都開口拜託了，那就答應吧」、「因為很忙，還是拒絕吧」等，像這樣依照自己的心情採取行動，就不會後悔。

反之，**容易感到後悔的是「為了不被討厭」而作的選擇**。「如果拒絕了會被討厭，只好答應」、「不想被當成冷淡的人，只好答應」、「如果做不好會給對方添麻煩，還是拒絕吧」等，像這樣以對方的角度採取行動，就很容易感到後悔。

為了不被討厭採取行動，並不是壞事。

那麼做，不會傷害到重要的人、能夠讓某人感到開心、不會被攻擊等，得到的好處也很多。

不過，比起得到的好處，如果覺得「受傷的機率較高」，那就不必為了不被討厭而費心。

試著問問自己「我想怎麼做？」。

如果你覺得「我想這麼做」，那就這麼做吧。

有時候，
不為了別人行動也沒關係

有些人只要看到別人好像很難受，

明明已經很累了，還是會動起來。

為別人著想的心意很棒，
但受到過去（小時候）影響很深的人，
比起「我想要」的愉悅心情，
經常是在「必須……」的逼迫下行動。
內心便會無法滿足，覺得「總是我」，感到越來越不滿。

不要因為對別人感到煩躁或不滿而自責。

為了別人行動的你，如果覺得「總是我……」，那正是**「為了別人太努力！」的警訊**。

被時間追著跑時，脾氣再好的人也會感到煩躁。

對於這樣的自己，不要感到沮喪或自責，只要去想「也對，我已經很努力了」，像這樣認同自己就好了。感到煩躁或不滿是因為，你一直在為了別人付出。

為了別人動起來是因為你很體貼；看到別人難受會想「幫助對方」，是因為你很溫柔善良。

正是因為你能夠為了別人努力，所以應該也可以克服許多事。

這些就是你的「優點」。

不過，當你忙到應付不來、沒時間的時候，自然無法為了別人付出。即使勉強接下，但因為會占用到自己的時間，之後也許會後悔，覺得「應該拒絕才對」。

尤其是身心俱疲、體力耗盡的時候，很容易產生「雖然想幫忙，但我實在……」的拒絕念頭。這是很正常的心理反應，並非你很冷淡，那是你為了守護身心作出的正確判斷。

為了別人動起來，會消耗你的時間和體力。

因此，有時候**必須「不為了別人行動」**。

為了不讓自己變得更加煩躁，或是對某人爆發不滿，你也可以選擇「刻意不接受」。

因為當沒有充裕的時間和體力時，很容易變得煩躁。

覺得煩躁或快要爆發不滿時，稍微減少「為了別人」的念頭，試著多為「自己」著想。

就像你一直為了別人付出，請你也要為了自己付出。

「總是我……」的想法就是努力過頭的警訊！

就像你經常「為了別人」行動，
也請你「為了自己」動起來。

就像你經常體諒「別人」那樣，
也請你好好體諒「自己」的心。

人有時會為了保護自己，
而變得具有攻擊性

有些人會因為一點小事
變得具有攻擊性。
那些人大多是小時候經常壓抑自己。

多數的情況並非想要傷害對方，
而是為了防禦才立刻攻擊對方。
害怕被周遭的人過度干涉、探究，或是探究自己的內心。

突然被激怒、對於特定的話語或行動感到煩躁，或許只是為了保護自己的防禦反應。

那並不是你的個性不好或易怒。
當你很重視的某件事受到侵害，或是感覺自己的某個部分被否定時，就會發出**「不要再闖入我的內心！」的警訊**。

也許在旁人眼中，你看起來像是在生氣、在發動攻擊。
但其實，多數的情況是「因為對方好像要攻擊我（或是已經攻擊），我是為了防禦才馬上攻擊」。

人類覺得「好像要被對方攻擊！」的時候，會採取兩種行動。

第一種是「僵硬模式」。

在山裡散步的時候，如果眼前突然出現一頭熊，就會因為太害怕，全身僵硬呆站原地。恐懼讓人停止思考，變得動彈不得。

第二種是「戰鬥模式」。

戰鬥模式又分為逃跑或奮戰。

「逃跑」是看到熊突然在眼前時，心想「糟了!!」，開始狂奔逃跑。

「奮戰」是先發制人，為了防禦而攻擊。看到熊出現在眼前時，心想「必須奮戰！否則會被打敗」，使用身邊的物品進行反抗。

這和為了保護自己「不採取行動」的僵硬模式不同，是為了保護自己而「不自覺採取行動」的戰鬥模式。

使用哪種模式會因為「天生的個性」與「成長環境」產生變化。

「使用這種模式比較好！」，並沒有這樣的規定。

掌握「自己通常是使用哪種模式」，當作了解自己的線索。**知道自己會有怎樣的反應，遇到狀況就不會感到恐慌。**

馬上攻擊某人後感到後悔的人，是在感受到危險時，變成了第二種的「戰鬥模式」。多數人並非個性具有攻擊性，只是把攻擊當作保護自己的手段。

雖然很多人會覺得「總之要先停止攻擊」，但那只是治標不治本。

水龍頭的水不停地流，從浴缸溢出來的時候，你或許會「為了不讓水溢出來，拚命地舀出浴缸裡的水」。

但應該要做的是，關掉水龍頭的水。

與其改掉自己的個性，了解「自己對什麼會產生反應」更重要。

確認自己對他人的哪種行為會有反應，之後馬上攻擊，才是「停止攻擊對方」的捷徑。

攻擊或許只是
你的防禦反應……！

那並不是你的個性不好或易怒，
也不是你不夠溫柔。
別擔心，沒事的。

和某人在一起的時候會覺得痛苦，
那是你的心受傷了的警訊

對別人的感受很敏銳，
對自己的感受卻很遲鈍。
覺得忍耐、努力是理所當然的事，
認為這點小事不算什麼。
那可能是因為你經常待在有人抱怨
或說粗話的環境，麻痺了你的心。

如果和某人在一起會感到痛苦，
那是你的心受傷了的警訊。
這和對方是不是好人沒有關係。

習慣站在對方立場思考的人，採取行動時會以「對方」為優先。
只要試著以「自己」為優先，漸漸地就會懂得重視自己的感受。

方法非常簡單。
首先和平常一樣以對方為優先思考，之後再以「自己」的角度來思考。

這時候只要注意一件事。
那就是思考的順序，**最後務必要思考「自己想怎麼做」**。

為什麼思考的順序很重要呢？
請先比較一下A和B這兩段話。

A「這個甜甜圈超好吃，可是熱量很高。」
B「這個甜甜圈熱量很高，可是超好吃。」

A和B這兩段話只是把順序對調，感覺卻相當不同對吧？
你覺得甜甜圈好吃的描述是A還是B呢？

大部分的人應該都會覺得是「B」。
那是大腦的習性之一，「最後聽到或看到的事容易留下印象」。

這就是「思考的順序很重要」的原因。
總是以對方為優先思考事情的人，不擅長思考關於自己的事。

如果突然被要求「想想自己的事」會讓你覺得很難做到，那就利用大腦對於「最後聽到或看到的事容易留下印象」的習性，順其自然地去意識自己的感受。

舉例來說，當你覺得「那個人想這麼做吧」的時候。

因為「那個人想這麼做吧」的主語是「那個人」，所以這是以對方為優先的思考方式。

接下來只要加上「自己」，就會變成以自己為優先在思考事情：

「那個人想這麼做吧……不過，我想怎麼做呢？」

「不要以對方為優先，要以自己為優先！」，像這樣要求總是習慣以對方為優先思考事情的人馬上改變思考模式，實在有點強人所難。

所以，先試著保持以對方為優先，再加上「自己」的方式去思考事情。

以對方為優先，最後加上自己，結果就會＝以自己為優先

既然習慣以對方為優先思考事情的話，
就在「以對方為優先」之後，再加上「自己」。

為自己而活並非自私或任性

以自己為重，並不是自私或任性。
「我是這麼想」、「我喜歡這個」，
你只是重視自己的感受。

許多人能為了取悅對方而拼命努力，
換成是自己的話，卻會裹足不前。
那是因為被灌輸了「為自己而活＝自私任性」的想法，
所以無法以自己為優先。

「無法以自己為重。」
「想以自己為重。」
「不想再以他人為重採取行動。」

你是否也有這樣的想法呢？

上網搜尋「以自己為重」會出現一大堆「尋找以自己為重的方法」或「更以自己為重的方法」。

也許是因為這樣的資訊變多，許多人就會強迫自己去接受「以他人的想法採取行動是不好的事」。但這就像是在否定自己的人生，很難受吧。

以他人的想法採取行動，並不是不可以。
人生在世，以自己為重的同時，也要接納他人的想法。
如果你以他人為重，覺得每天都過得很充實，那就完全沒問題。

重要的是，你現在是否感到疲累？
是否覺得「和別人在一起覺得心很累……」？
如果你覺得「容易感到累」、「心很累」，也許應該稍微減少以他人為重去採取行動，並且更加以自己為重。

對於「常以自己為重」的人，你有怎樣的印象呢？

這點經常遭到誤解，為自己而活並非「任性」或「自私」。隨心所欲說出自己的意見、想到什麼就說什麼、想怎麼做就怎麼做，這些並非以自己為重。

當大家都說「去吃拉麵吧♪」，氣氛正嗨的時候，說出「吃拉麵對身體不好！」、「我不想吃拉麵，我只想吃壽司」，像這樣主張自己的意見也不是以自己為重。

即使和大家意見不同，也不否定自己想吃壽司的感受。但是否要說出想吃壽司，思考「要和大家一起吃拉麵嗎」、「還是自己去吃壽司呢」，能夠像這樣獨立思考後採取行動，才是「為自己而活」。

為自己而活，就是重視自己的意見。

就是保有自己的意見，自己決定是否要說出意見或採取行動的生活方式。

想要更加以自己為重，卻「不太了解自己」的人，獨處的時候試著問問自己：「想吃什麼？」、「想喝什麼？」

如果有答案，再接著問自己：「為什麼想吃那個（想喝那個）？」

這時候要注意一件事，**無論是怎樣的意見都不要自我否定**。

假如是「嗯——因為很方便吧」、「沒有特別的理由，只是因為很便宜」等略帶負面的答案，也沒關係。

不要用「那樣的想法很不好」來否定自己的意見。「是喔」，像這樣接受即可。即使第一時間無法認同或產生共鳴也沒關係，請記住「不要否定」。

為什麼不可以否定呢？

總是自我否定的話，「**自己的意見就會消失**」，這麼一來就無法練習以自己為重。

假如某人總是否定你的意見，你也不會想把自己的意見告訴他，對吧？

同樣地，自我否定也會造成相同影響。總是自責的話，漸漸地「自己的感受」就會消失。

所以，無論你的感受或意見是什麼都不要否定，請試著去認同。

這世上討厭的人很多，至少你要成為「自己的最佳盟友」。

「以自己為重」與「以他人為重」，以及控制你的心的「以父母為重」

以自己為重的基準是，
自己想成為怎樣的人、自己想要怎麼做。

以他人為重的基準是，
對方怎麼想、希望對方如何看待自己。

此外，以「父母」為重的人也變多了。
就像「以他人為重」的人一樣，
「父母會怎麼想」成為他們思考事情的重心，
進而侵蝕「以自己為重」。
因此會變得不知道該怎麼辦，覺得活得很累。

雖然想辭職，卻又顧慮「爸媽會怎麼想」、「爸媽會怎麼說」，或是有想要的東西時，會想到「爸媽會說〇〇吧」。你也會這樣想嗎？

作決定時，不只是想到「對方會怎麼想（以他人為重）」，還會閃過「爸媽會怎麼想」的念頭，代表你以父母為重的可能性極高。

許多人不了解「以父母為重」是怎麼一回事，接下來舉出幾個例子，透過比較「以自己為重」和「以他人為重」來進行思考。

喜歡的東西

＊「以自己為重」的人，能夠說出「我喜歡這個」。

＊「以他人為重」的人，會思考周圍的人會怎麼想。「要是我說喜歡這個，對方會怎麼想呢？」、「會不會覺得我很奇怪」，於是說出配合對方，不得罪人的意見。

＊「以父母為重」的人，腦中會閃過「爸媽會怎麼想呢？」。從小看父母臉色長大的人，即使知道父母喜歡什麼，也會因為不知道自己喜歡什麼而感到煩惱。「不知道自己喜歡什麼」的人很多。

想做的事

＊「以自己為重」的人，自然會去思考「我想不想做」、「這對我是有必要的事嗎？」。自己作判斷後採取行動，成功了就會產生自信；就算失

敗受到打擊，因為是自己作的決定，最後也不太會後悔。

＊「以他人為重」的人，會去想「周圍的人會怎麼想」、「大家想做什麼」。因為傾向讓對方作判斷，即使成功了，也會想成是「多虧那個人」；一旦失敗了，就會想「如果照我想的去做就好了……」、「都是那個人害的……」，容易感生後悔或不滿的情緒。

＊「以父母為重」的人，會去想「爸媽會怎麼想」、「爸媽會認同吧」。越以父母為重的人，就越會覺得「父母的意見＞他人的意見＞自己的意見」；如果曾經被父母否定過自己想做的事，就會壓抑「想做」的心情；曾經被指責過失敗的話，就會覺得「做了會失敗，還不如不做」，於是放棄挑戰。

瘦身

＊「以自己為重」的人，會為了接近自己的理想而瘦身，或是為了身體健康而瘦身。

＊「以他人為重」的人，會為了想變得比某人更漂亮而瘦身，為了不被指責身材不好而瘦身，或是為了不被某人說「很不健康」而瘦身。

＊「以父母為重」的人，「父母說的話」會對他們造成強烈的影響。即使瘦身成功，受到他人稱讚，也會因為過去被說過的話，而「對自己沒有自信」，感到煩惱。小時候被說過「胖子」、「醜八怪」等外貌上的批評，即使長大了，內心仍會受傷很深。為了擺脫這樣的狀態、為了接近「普通」，有時就會去瘦身。

「以父母為重」是重視父母會怎麼想，重視父母會有什麼感覺的想法。很以父母為重的人，因為生長在那樣的家庭，總是會顧慮很多，順應那樣的生活方式。**小時候在家裡，拚了命地努力。**為了父母而努力，為了得到父母的認同而努力，於是又更加以父母為重。

沒有人會故意惹怒父母，所以每個人或多或少都會以父母為重。

因為想被父母稱讚、想獲得父母認同、想被父母關愛，所以思考與行動上不得不以父母的想法為優先。

不過，如果你對於人際關係感到疲累了，請試著稍微減少以父母為重去思考事情。

當你腦中閃過「爸媽會怎麼想？」的念頭時，請試著問自己「可是我想怎麼做呢？」。反覆幾次習慣了之後，以父母為重的影響就會逐漸減少。

如果因為「太以父母為重而感到困擾」的話，請試著回想看看有沒有第一章提到的「過去的成見令你感到痛苦」的情況。

Chapter

3

討厭就討厭，沒關係

雖然過去無法改變，
但只要知道原因，就能改變現在和未來

即使過去的事或親子關係，
是造成你「現在煩惱的原因」，
也不必埋怨過去或討厭父母。
當然你可以選擇那麼做，
但也可以不那麼做。

重要的是，理解「自己並非原因」，
擺脫自責的心態。
光是這麼做，你的心就會變得輕鬆許多。

假設你做了鬆餅，卻無法煎得很蓬鬆。

你認為是自己的煎法不對，所以上網搜尋煎法，在 YouTube 上看了專家怎麼煎，也買了新的平底鍋，試過各種方法。

結果，還是沒辦法煎出蓬鬆的鬆餅……

但其實，不是你的煎法不對，而是因為你沒有加「泡打粉（讓麵糊膨脹的粉）」，所以才無法煎出蓬鬆的鬆餅。

如果沒有察覺「真正的原因（＝沒有加泡打粉）」，看到別人在社群網站上分享的美味鬆餅照，就會覺得「別人都可以煎得很漂亮」而感到沮喪，或是「像我這樣的人」、「做什麼都做不好」而陷入自責。

但是，**只要知道真正的原因，就能思考「那麼，我該怎麼做」的處理方法。**

而且就是因為你已經試過各種煎法，或許現在只要加入了泡打粉，就能煎出最棒的鬆餅。

你現在的煩惱，原因可以回溯到過去。

就算有人說「過去無法改變」、「忘記過去的事，往前邁進吧」，但了解原因是非常重要的事。就像煎鬆餅那樣，知道真正的原因才能解決問題。

尋找煩惱的原因，並不等於緊抓和埋怨過去。

了解原因，並不是為了哀嘆過去、怨恨對方，也不是為了把錯推給別人的藉口。

事情不順利
真的是你的錯嗎？

無法煎出蓬鬆的鬆餅
是因為火力不夠？
攪拌麵糊的方法錯誤？
材料不夠？手藝差？

不了解「原因」，就算再努力
也無法得到想要的結果。

知道真正的原因，是讓你思考如何活得更像自己、活得更輕鬆的手段之一。

雖然無法改變過去，但只要知道原因，就能改變現在和未來。

對方不改變，不是你的錯

即使有人說
「你無法改變他人，只能改變自己」，
也不代表你必須改變自己。
請試著想一想，
對方有重要到值得讓你改變自己嗎？

試著想一想，對方會為了你改變自己嗎？只有單方面努力的關係無法持久。

人類是不管到了幾歲都會有所改變的生物。

想著「想改變什麼」、「想要改變」，進而採取行動的人就能有所改變。

不過，**如果本人沒有「想要改變」的想法，就不會改變**。

有些人努力地想改變，卻為「很難改變」而感到煩惱；然而，如果本人沒有想要改變的想法，就「不可能會改變」。

這才是「你無法改變他人，只能改變自己」的真正意涵。

不過，這不表示「你必須改變自己」。

雖然你只能改變自己，但「是否要為了那個人改變自己」，是你的自由。

只有你單方面付出努力的關係無法持久，總有一天會面臨極限。

事實上，單方面持續努力維持關係並為此感到苦惱的人，不在少數。

有些人持續「改變自己」，努力了幾年或幾十年，但大多數的情況中，對方卻都沒有改變。

當你和別人商量時，或許曾經得到「只要你改變，對方就會改變」這樣的建議。

因此，讓你產生了「對方不改變是我努力不夠」的想法，將自己逼入困境。

不過，並不是這樣的。

對方不改變，不是你的錯。

對方不改變是對方的問題。在一段成熟的關係之中，你不需要扛下一切責任。

那個人是值得你改變自己也想要在一起的人嗎？

如果那個人不改變，你還想和他在一起嗎？

你能夠為了那個人放棄自己重要的東西，獨自持續地忍耐嗎？

如果你因為只有自己在努力而感到痛苦的話，或許該想一想：**「對方是值得讓你如此努力改變自己的人嗎？」**

你應該先原諒的是
無法原諒某人的自己

有時候聽到別人說
「你要忘記過去，向前邁進」，
你就會感到煩惱痛苦。
甚至覺得無法原諒別人的自己
很冷淡、很過分。

可是，別人不知道你的遭遇、感受，
或是承受過什麼。
所以，你應該先原諒的是，
「無法原諒某人」的自己。

至今我接觸過許多因為被別人說「忘記過去比較好」而感到受傷的人。責怪無法忘記過去的自己很痛苦，對吧？因為那個認為「不斷想起過去很痛苦、很煩人，如果忘記了該有多輕鬆」的人，正是當事人自己。

不必為了某人去刻意遺忘或原諒。

遺忘或原諒都是為了自己。當你覺得是「不想再為了那種人浪費時間生氣！」、「不想再被過去束縛」的時候，再為了自己去原諒對方就好。

可是，真的必須原諒嗎？

我覺得不必勉強自己去原諒。**想原諒的人，最好是在自己想原諒的時間點原諒對方。**

為什麼要那麼做，理由有三個。

理由1

欺騙自己的感受，只會越來越辛苦。

明明是無法原諒的事，卻為了對方選擇原諒，總有一天「當時無法原諒的心情」會爆發。**自己無法由衷認同的事，容易反覆想起。**

因此，希望你是在自己能夠接受的時候、在自己認為可以的時間點，為了自己去原諒。

如果你覺得「不想原諒」，不原諒也沒關係，請重視自己的感受。

理由2

不是無法原諒，可能是「不想原諒」。

某人對你做過的事、說過的話，或是令你感到厭惡、難過、後悔的事……原諒了對方做過的這些事，就像認同對方，令你感到害怕。

就像放棄失去的東西會感到後悔，對吧？

如果你有這樣的感受，就已經算是有在原諒對方了。都已經犧牲自己的感受去原諒對方了，還需要再原諒什麼呢？

如果覺得還無法原諒，不原諒也沒關係。一直很努力的你沒必要「勉強自己去原諒」。

理由3

不讓身心受到傷害。

許多人為了「無法原諒」而煩惱，是因為已經忍耐了很久。

對自己的感受視而不見、察言觀色去配合對方……是不是因為這樣，自己的身心漸漸達到極限了呢？

拚命硬撐、忍到心裡千瘡百孔、不斷相信對方卻屢遭背叛……如此善良的你會覺得「無法原諒」，是因為已經忍耐了很久吧？

過去一直忍耐的你，終於覺得「無法原諒」，那便是向前邁進了一步。

假如「無法原諒對方會讓你覺得很痛苦」，**請想成「為了不讓身心受到傷害，我現在還無法原諒」、「反正總有一天會原諒，現在不原諒也沒關係」。**

這麼想就能夠稍微減輕你的罪惡感。

是否要原諒、什麼時候原諒，都由你自己決定。

有些人原諒的時機是「現在」，也有些人是好幾年後。或許那個時間點遲遲未來，但那也無妨。因為對你來說，這是很重要的事啊。

總之，先原諒「無法原諒某人」的自己。

不要被「要原諒」、「應該原諒」的世俗壓力吞噬了自己喔。

你並不是突然發火

平時很沉穩的人，有時候會突然發火。
一直以來都笑嘻嘻地忍耐著，
也會因為無法壓抑，
或是因為想讓自己脫離恐懼、不安，
而做出反射性的攻擊。
但他們並沒有想傷害對方的意圖。

即使周圍的人覺得「很突然」，
本人卻可能覺得是到達了「忍耐的極限」，
已經忍了很久。

「我不小心突然發火了……」
「我不小心氣得像火山爆發了……」
為了這樣的煩惱來找我諮商，尋求解決辦法的人越來越多。

或許光看發生的事情會覺得「你突然發火了」，但事實並非如此。
那是因為你一直拚命忍耐，忍到了極限，最後「終於發火」。
與其說是突然發火，應該說你真的很有耐性，始終忍耐著，直到極限。
經常發脾氣的人和平常很沉穩的人突然發火，意思完全不同。

發火後，你會覺得心情舒暢嗎？

「啊——發完火真爽！」、「發火超讚！」，你有像這樣感到滿足嗎？

我想許多翻閱本書的人，都是在發了脾氣後感到後悔。

即便一時感到舒暢，之後仍會不斷冒出後悔或罪惡感，對吧？

如果你「突然發火了」，那是你長久以來持續忍耐的證據。**因為你不在他人面前展現你的不滿、焦躁或哀傷，因為你顧慮周遭的人，一直努力硬撐著。**

因此，不必刻意勉強自己「不能發火」，而是**試著努力遠離那些會讓平時沉穩的你突然發火的人。**

遠離那樣的人，需要忍耐的次數減少，你就不會發火。

「不想發脾氣」的你，請逐漸遠離會讓你發火的環境或對象。

如果因為某些緣故無法遠離，盡可能減少接觸的時間也很有效。

越是有耐性、拚勁十足的人，越擅長為了「忍耐」而努力。

不過，有時也可以為了「遠離」而努力。這是保護身心的選項之一。

你不是「突然」發火，
而是「終於發火了」。
無法忍耐就代表
你已經很努力了。

不是不說，
也許只是不能說

有時候你會被責備「為什麼不早點說」。
但明明你過去坦白說出
「很辛苦」、「很累」的時候，
對方卻說「我才辛苦」、
「就這點小事……」。
於是，你學會了「不說就不會受傷害」。
比起依賴，選擇忍耐。

其實不是不說，而是處於想說卻不能說的環境。

「你要早點說啊！」
「為什麼不早點說？」
「你可以和我商量啊。」
「為什麼忍到變成這樣？」

鼓起勇氣說出「想休息」、「好累」、「撐不下去了」的時候，有時會得到這樣的回應。

也有覺得自己好像被否定而感到痛苦難過，或是覺得不被理解而感到懊悔或煩躁的時候，對吧？

「不馬上說出來就是自己的錯」、「全都是無法自我管理的自己不對」，像這樣自責的人不在少數。

不過，選擇不說的你並沒有錯。

覺得到達極限，也不是你沒有管理好自己。

忍到極限，獨自拚命努力過的人。

在坦白說出來之前，靠著強烈的責任感硬撐，不讓周圍的人察覺的人。

在到達極限之前，不告訴周圍的人，獨自默默地努力的人。

這些人卻經常會被周遭的人那麼說。

說了會被批評、說了不會有改變、說了會給別人添麻煩，因為非常清楚說出口會後悔，於是陷入「想說卻不能說」的心理狀態。

但會不會其實不是「不說」，而是處於「不能說的環境」呢？

若是如此，不必責備「不能說」的自己。

「雖然想說，環境卻不允許我說，只好選擇默默忍耐。在這樣的環境下，我已經很努力了」，你可以像這樣稱讚自己。

從小被教育「要和大家好好相處」，
就容易會有不可以感到「棘手」
或「厭惡」的想法。

從小被教育「忍耐很了不起」，
就會覺得「不想做」或「討厭」
是任性的行為。

然而，內心的感受並無好壞之分。
別把自己逼入「不可以這麼想」的困境。

那麼想，沒關係。

讓人際關係變輕鬆的三大絕招

讓人際關係變輕鬆的三大絕招：

1 遠離不重視你的人。

2 珍惜重視你的人。

3 不要討好你討厭的人。

「沒有價值」的想法，會破壞三大絕招的效果。假如心裡有「我沒有價值」的想法，就會無意識地做出完全相反的行為。

說到人際關係的煩惱，一定會提到「討厭的人」或「難以相處的人」。

「不想去討厭別人」、「想要改變覺得對方難以相處的自己」，儘管很多人這麼說，但**有討厭的人或難以相處的人是很正常的事**。不必刻意制止自己，改變不了也沒關係。到目前為止，我還沒遇過有人說自己「沒有討厭的人」或「沒有難以相處的人」。

不過，**不要討好你討厭的人會比較輕鬆**。

同樣地，為了不被你討厭的人討厭而努力這種事，也是別做比較輕鬆。

光是不去在意討厭的人，壓力就會減輕許多。

為了喜歡的人努力，以及為了討厭的人努力，壓力的程度截然不同。

請試著想像這樣的情況。

你現在是小學生，今天是八月三十日。

暑假只剩一天，可是你的讀書心得還沒寫，書也還沒看。

爸媽不知道你還沒寫完暑假作業，被知道就糟了。如果在開學日（九月一日）前沒寫完作業，老師一定會在全班同學面前大發雷霆。

「怎麼辦!! 我得在兩天內寫完讀書心得才行！」，當你正走投無路的時候，你「最喜歡的人」突然打電話給你。那個你聽到聲音就會覺得很高興的人，打了電話給你。（對象是誰都沒關係，可以是歌手、藝人、初戀對象或喜歡的偶像，「不可能的人」也ＯＫ）。

那個最喜歡的人告訴你：「我發生了難過的事，可以和你聊一個小時左右嗎？」

於是，你放下手邊的作業，欣然傾聽對方說話。因為你的傾聽，那個人恢復了精神。

這時候，你的心情怎麼樣呢？

雖然正陷入手忙腳亂，但因為幫助了最喜歡的人，看到對方恢復精神，你會覺得「能夠幫上忙真是太好了」。

你的心也感到很滿足，或許還比接到電話前，「更有幹勁寫作業」。

……不過，如果那個人是「很討厭又很難相處的對象」，情況又是如何呢？

正在忙的時候，很討厭的人打電話來，無法拒接電話、被占用時間，你的心情又是怎麼樣呢？

「啊——有夠衰」、「那個人害我不能寫讀書心得了……」，你會覺得很煩躁，情緒低落，對吧？

儘管都是「在自己沒有餘力的狀態下幫助別人」，但因為「幫助的對象不同」，結果也變得截然不同。幫助最喜歡的人和幫助最討厭的人，感受到的壓力程度也完全不同。

許多人會認為「就算對方是你討厭的人，也不想被他討厭」，但其實**「不被你討厭的人喜歡還比較輕鬆」**。

你想被你討厭的人喜歡嗎？還是，只是不想被他討厭而已？

如果「不是想被喜歡」，那就不必費心去迎合對方。

試著仔細想一想，比起被你討厭的人討厭，應該是「被喜歡」才更麻煩。

你討厭的人
不喜歡你
也沒關係！

比起被你討厭的人討厭，
被你討厭的人喜歡，
其實更麻煩⋯⋯！

Chapter 4

軟弱不是你不好

即使自我肯定感低，也不必自責

很多人會因為
「自我肯定感低」而自責。
但自我肯定感其實是
「不管怎樣的自己都OK」的認同感。

小時候經常被否定「不可以那樣」，
總是被指示「要這樣做」、「這樣比較好」，
自然不會覺得「不管怎樣的自己都ＯＫ」。
這並非你的個性不好。

雖然有點突然，但想請教各位一個問題。
左列的五件事之中，你認為對於提升自我肯定感，最重要的是哪一個？

1 接納真實的自己
2 建立自信
3 磨練自己的能力
4 挑戰新事物

5 喜歡自己

雖然這些對於活著來說都很重要，但對於提升自我肯定感，**「1 接納真實的自己」**更是不可或缺的事。

提升自我肯定感≠磨練能力，建立自信。

建立自我肯定感≠改變不好的自己，增加做得到的事。

自我肯定感是「不管怎樣的自己都ＯＫ」的認同感。

不是完全否定沒有自信的自己，或是為了擺脫否定去勉強建立自信，**而是接納沒有自信的自己，能夠去想「現在就是因為沒自信，才會感到沮喪」**。

話雖如此，有些人會說「我不覺得做不到的自己很ＯＫ！」、「不管怎樣的自己都ＯＫ，我沒辦法這麼想！」。

如果是這樣，那也沒關係。

對於提升自我肯定感，最不好的事就是「**自責**」。

假如你因為無法這麼想而自責，就別去想「自我肯定感＝接納真實的自己」。

如果你因為無法接受做不到的自己而煩惱的話，就想開一點，「不接受做不到的自己也沒關係」。無法接受做不到的自己，那就把「做得到的自己」當作目標。

「為什麼做不到？」、「明明大家都做得到啊！」，你想和這樣嚴厲指責你的人在一起嗎？

「這樣下去不行」、「你必須改變」，你喜歡總是這樣否定你的人嗎？

當你用「做不到」、「沒辦法那麼想」來責怪自己時，就像「指責你、否定你的人」就在你身邊那樣，你會感受到相同的壓力。因為你無法擺脫自己，所以等於三百六十五天、二十四小時都在承受著壓力。

因為「想提升自我肯定感」來進行諮商的人逐年增加。

請先試著不要否定自我肯定感低的自己。想要提升自我肯定感是很棒的想法，**但不否定「現在的自己」更重要。**

而且，**不否定自己才是「提升自我肯定感」的捷徑。**

「你為什麼都……」
「大家都做得到……」

聽到別人這麼說，會覺得很難過，對吧？
試著回想看看，
你有沒有對「自己」這麼說，
而讓自己感到難過。

你是不是最嚴格
要求自己的那個人呢？

不是你「想太多」

為了在意的事煩惱，卻被說
「你太認真」、「你想太多」，
而更加沮喪低落的人越來越多。
不過，這絕不是「想太多」。

不是因為很在乎才一直想，
而是不自覺地感到在意。
即使不想去想，還是會浮現在腦海裡。

有時候明明很煩惱，卻被說是「你想太多」。
於是，「覺得在意的自己很奇怪」，這樣陷入沮喪低落的人越來越多。

因為想不出答案而困擾，卻被說是「想太多」。
感受到自己與周遭的不同，覺得「想太多的自己很不好」而自責的人也越來越多。

因為「太在意」、「想太多」這些話受到傷害的你，請回答我一個問題。

你是真的太在意不必在意的事，刻意去思考不必思考的事嗎？

而且，是你自己想這麼做的嗎？

……不是，對吧？

不想在意卻很在意，不想思考卻忍不住思考，你就是因為這樣才感到煩惱的，不是嗎？

如果可以不在意，你也不想去在意；如果可以不思考，你也不想去思考，對吧？

所以，不是你「太在意」或「想太多」，而是「有讓你在意的事」、「發生了讓你想去思考的事」。請不要責怪如此努力煩惱過的自己。

請試著把喜怒哀樂的感情想像成色鉛筆。

假設這世上多數人擁有「十色的色鉛筆（＝感情）」，或許你擁有的是

「一百色的色鉛筆」。

好比藍色也有很多種。

這世上許多人只知道「藍色」，但你可以感受到的是「透明的藍」、「清爽的藍」、「柔和的藍」等各種藍色。

擁有的感情種類（色鉛筆的數量）不同，感受和表現也會不同。也就是說，**你和周遭的人對於發生某種情況時感受到的資訊量完全不同。**

請試著想像，有人打翻了杯子。

感受到的資訊量較少的人，只會想到「啊，杯子打翻了」，只接收到事實。

感受到的資訊量較多的人，會想到「要趕快擦乾」，立刻採取行動，或是思考「要不要幫忙？」，又或是提醒自己「我也得小心一點」。可能也會想起過去，「對了，之前也發生過一樣的事呢」。

有些人在杯子打翻之前，就會想到「放在那裡好像會打翻耶……」，感到非常在意。

我想說的是，你不是「想太多」，而是對你而言，正在發生「令你在意的事」。

當大家只注意到「一個問題點」的時候，你會察覺到「五個問題點」，甚至去思考五種解決方法。所以，你不覺得「這樣本來就會很累吧——」嗎？

想太多而感到疲累，不是你的缺點。

因此，不要用「為什麼會搞得這麼累……」來責怪自己，**試著用「會累是正常的」來安慰自己吧。**

只要減少自責，你的心就不會那麼容易感到疲累唷。

不必勉強自己變得積極

有時看到「自己取悅自己」
這樣積極的言論，
會覺得「我做不到……」而感到沮喪。
只要想成你已經很累了就可以了。

看到有人「花一年的時間就變好了！」，
會覺得「我還是老樣子……」而難過。
看到有人「靠這樣的方法恢復精神了！」，
會覺得「為什麼我做不到」而痛苦。
其實只要想，是每個人受傷的程度不一樣就可以了。

「要變得更積極才行！」為此而努力的人越來越多，但一輩子都活得很積極是不容易的事。

就像我們能夠感受冷熱變化，卻無法只感受冷或熱。若刻意不去感受其中一方，另一方的感受度也會變得遲鈍。

為了變得積極而去勉強壓抑「消極」，結果就是難以感受積極的情緒。每天的樂趣變少，到頭來覺得活得很累。

假設你產生了「討厭」的情緒。

「討厭是不好的事，我要積極正面地思考！」，乍看是很積極的想法，其實是在否定自己的感受。就像是用「不行！」去否定覺得討厭的自己，指責自己要用別種想法思考事情。

越來越多人在無意識的狀態下不斷累積自我否定，結果非但無法變得積極，還只會讓消極情緒持續膨脹，覺得活得很累。

用「不行！」去否定自己的意見，你的心情就會變得積極嗎？

與其這樣，認同自己的意見，應該更能讓你的心情變得積極吧？

產生「討厭」這種負面的情緒時，請先試著接受它。

比起勉強自己用積極的心情思考，「為什麼覺得討厭？」、「啊——是因為這個理由覺得討厭呀」、「怪不得會覺得討厭呢」，像這樣重複自問自答，接受自己的意見，消極的情緒就會消失。

認同自己的意見，消極的情緒就會轉為積極的情緒。

我不是想告訴各位「不變得積極也沒關係」、「不需要積極」。我想說的是，不必為了變得積極，過度壓抑消極。

不過，有些人對於積極的言論會感到棘手，那也沒關係。知道自己「對於積極的言論很棘手」的話，刻意避開就可以了。與其去看**令自己感到難受的積極言論而心情低落，不去看才是明智之舉。**

就算是金玉良言，也未必適合所有人。

沮喪低落或感到疲累的時候，有些事「不做也沒關係」，每個人都有「不做比較好的事」。

看到積極的言論，勉強自己打起精神，就像是在感冒發燒、全身無力的狀態下，還想著「這樣下去不行，必須增強體力……」，勉強自己去健身房做運動，搞得自己又累又辛苦，沒什麼好處。

正因為我們處於網路資訊發達的時代，更要正視自己「想看」或「不想看」的心情，慎選適合自己的資訊。

早上起床時就覺得很累，那是疲累的警訊

有些人「早上起床時就覺得很累」。明明沒做什麼卻已經累了。有時到了傍晚，還會感到心情低落。

比起身體，這是「內心（大腦）」處於疲累的狀態。
為了不再勉強自己，大腦停止了行動。
這不是有沒有幹勁或心情的問題，
而是想動卻動不了的狀態。

「大家都做得來的事，我卻做不到。」
「無法變得積極。」
「想改變軟弱的自己。」

你也有這樣的感受嗎？
假如你「早上起床時就覺得很累」，那表示你一直都很努力。
覺得累是因為，你一直在為了某件事努力，或是一直在思考某件事。

現在你所感受到的是累積已久的疲累。

睡再久還是覺得累，代表你已經身心俱疲。

有些人因為壓力或不安無法熟睡，即使身體在休息，大腦仍在思考事情，停不下來。

不少人因為一大早就覺得累，認為自己「被寵壞」或「軟弱」，但那並非縱容自己而覺得累。如果是因為懶惰，應該不會覺得累。

當然，也不是有沒有幹勁的問題。

一大早就覺得「好累！」，是因為你已經努力了很久。既然如此，請不要再逼迫自己。

這不是軟弱，而是「堅強」。

在你感到這麼累之前，你很堅強地忍耐著。

不過，再努力也有極限。為了能夠繼續努力，你必須休息。

「一大早就覺得累」的時候，不要自責，請試著想**「啊，原來我已經很累了」、「該怎麼休息呢？」**。

早上起床時就覺得很累，那是「疲累」的警訊。

總是拚命努力的你，
為了能夠繼續努力，必須休息喔。

當時無法生氣是有理由的

「當時應該要反駁」、「那個人很過分」，有時事後回想才會感到生氣。許多人會責怪當時沒有反駁的自己，但生氣必須要在「即使生氣依然處於安全的環境」這樣的前提。

也許當時的你，是處於無法生氣的狀況。

有些人會當場發怒，有些人是過了一段時間才會感到生氣。

前者容易因為「不小心發怒了」而後悔，後者容易因為「沒有表達生氣」而後悔。

「沒有表達生氣」而後悔的你，請接著讀下去。

試著回想看看。

假如當時你反駁了對方，情況會變得怎樣？

對方會不會因此生氣，對你說出難聽的話？

對方是不是自認「我才是對的！」那種人呢？

如果反擊了，會不會對你造成不利？

「沒想到會變成這樣，早知道就不說了……」，小時候你有過向父母頂嘴後感到後悔的經驗嗎？

若有其中一項符合的話，你只要這麼想，當時「無法生氣是理所當然的事」、「無法反駁是理所當然的事」就好了。

如果要當場「生氣」，有幾項必要條件。像是身體安不安全、有沒有充足的體力、心理狀態如何、是不是在即使生氣了也沒關係的環境、是不是因為過去的影響而無法抑制怒氣等……

沒有符合這些條件，自然無法當場發怒，事後才會感到生氣。

有時，當你想像「假如當時反駁的話……」，反而會覺得「不要反駁或許比較好」。

既然如此，當時「沒有反駁真是太好了」，對吧？

不要自責無法反駁的自己，請認同自己「沒有反駁才是對的！」的判斷。

不必責怪無法生氣的自己。

因為你有無法當場生氣的原因。

先理解無法生氣的原因，再試著以「沒有生氣真是太好了」這樣的想法去接受吧。

多數事後才感到生氣的人，會因為「過去討厭的記憶」而持續煩惱。因為後悔過去沒有反駁，接著不但無法遺忘，還會經常想起那段討厭的記憶。然後在心裡糾結，搞得自己很累。

不過，如果認同了自己的判斷，覺得「那時候沒有生氣才是對的」，心中的後悔就會轉變為「接受」。

接受了這樣的記憶之後，想起來的次數自然會大幅減少。就算想起來了，也不會像過去後悔的時候那樣覺得討厭。

大腦不再像以前那樣為了討厭的記憶糾結，你自然就不容易感到疲累。

你可以哭，沒關係

「你是男孩子，不准哭」、
「不可以為了這點小事哭」、
「膽小鬼，不要哭！」
如果小時候被這樣說過，
長大了就哭不出來。

哭泣不等於軟弱，堅強的人也會哭。
所以你可以哭，沒關係。
真正的堅強是，
大哭一場後也能振作起來、重展笑容。

悲傷或後悔的時候，你會哭嗎？
開心或感動的時候，你會哭嗎？
小時候，你哭過嗎？
長大後，你還會哭嗎？

大家常說「小寶寶才愛哭」，但長大了也可以哭喔。
哭泣有放鬆效果，也有為內心排毒的效果。越是壓力大的人，越是「哭一哭會比較好」。

話雖如此，有些人還是覺得「不可以哭，哭會讓人覺得自己軟弱」。**「想做卻做不到」通常和過去有所關聯**。當中多數「必須〇〇」的情況，是受到父母等身邊的大人的影響。

請試著回想你的小時候。

跌倒、被罵，或是感到難過的時候，你哭了嗎？

「想哭卻忍著不哭」的人，請想一想為什麼要刻意忍耐。

「哭了」的人，你還記得哭的時候，父母是怎樣的反應嗎？

例如，刻意忍著不哭是因為，覺得「哭了會被罵」。

曾經看到兄弟姊妹被父母說「不要為了這點小事哭！」，所以無意識地忍耐哭泣這件事。父母經常心情不好，覺得不能給他們添麻煩，有時也會忍著不哭。

就算哭了，父母也未給予期待的反應，於是常會制止自己哭。

有時會被罵「哭也不能解決事情！」、「有時間哭的話，還不如去○○！」，或是被說「你以為哭就沒事了嗎」，而留下懊惱的回憶。

比起小時候「有沒有哭過」，「有沒有感受到哭的好處」這件事，更在會長大後繼續影響你。

假如哭的壞處大於好處，長大之後容易會有「不可以哭」、「不要哭比較好」的想法。

但也不是說非哭不可。

不想哭的時候，不必勉強自己哭；也不是不管怎樣，哭就對了。

不過，想哭的時候，「請不要忍著不哭」。

為了應付當時的情況刻意表現樂觀，或是有技巧地忍住眼淚，會讓你不知不覺累積壓力，總有一天會身心崩潰。**忍著不哭這件事已是莫大的壓力**。

如今已經長大的你，請告訴自己**「就算哭也沒人會生氣」**、**「哭不是壞事」**。

「哭有很多好處喔」、「哭出來比較好」，請像這樣認同哭泣這件事。想哭的時候，盡情地哭。

被父母否定過的事，即使長大了也很難去做。因為大腦已經深刻記住那是不好的事。

但若因為過去的影響，認為「哭是不好的事」，請試著允許自己「哭也沒關係」。

假如在意他人的眼光，躲起來偷偷哭也可以，放心哭吧。

哭泣的五種好處

①內心的排毒效果

哭完之後，心情舒暢！

②放鬆效果

和好好睡一覺有相同的效果

③減少錳（Manganese）

將憂鬱症的風險物質排出體外

④安眠效果

大哭之後會有爽快的疲勞感，容易熟睡

⑤緩和痛苦

眼淚含有減緩痛苦的腦內啡

你有許多「不改變也沒關係」的地方

原本「不改變也沒關係的人」
因為苦惱到了極點，
來接受心理諮商的情況突然變多了。
煩惱著「必須改變自己」的時候，
表示你已經非常努力了。

很容易累是因為在認真思考眼前的事，感到苦惱的時候，請停下來想一想：「那真的是我的錯嗎？」

對於「接受心理諮商的人」，你有怎樣的印象呢？

心裡有問題的人？
內心脆弱，無法振作的人？
個性陰沉，意志消沉的人？
可能會犯罪的壞人？

接受心理諮商的人，並不只是內心脆弱或心裡有問題的人。

很多有在接受心理諮商的人，總是面帶笑容很開朗，或是在旁人眼中看起來很幸福，似乎沒煩惱；也有很多是平常「傾聽別人煩惱或抱怨的人」。

「想改變這樣的自己」、「想活得更輕鬆」、「想擺脫痛苦」、「想要好好建立人際關係」等，**心理諮商診所，就是讓這些帶著積極念頭向前邁進的人，尋求商量的地方。**

正在閱讀本書的你，或許也是其中一人。

即使沒有接受心理諮商，同樣有著**「想改變」**、**「想變輕鬆」**的想法。

諮商者煩惱的原因，通常不在於本人，而在其他地方。

不是因為某個人，而是因為過去造成的影響、周圍的環境太糟糕，或是不管怎麼想都是對方有錯。無論何時，**苦惱的都不是加害者，而是受害者。**

會不會有可能，你也是不需要改變的人（受害者）呢？

你需要的並非「改變自己的某個地方」，**而是逃離受到攻擊的環境，察覺「其實我沒有錯」**。

有些人是覺得「自己很過分」，為了這種鑽牛角尖的想法來尋求心理諮商。**假如你那麼想的話，請告訴自己「其實我沒有那麼過分」**。真正過分的人才不會覺得「自己很過分」，他們不會有這樣的想法。**如果自覺「過分」，這樣的你反倒很坦率**。你和你想像中的過分的人並不一樣，請放心。

也有人是覺得「自己個性不好」，為了改變個性來尋求心理諮商。不過，如果有「必須改變個性」、「想改變」的念頭，請告訴自己「其實我的個性沒那麼差」。個性不好的人根本不會為此而煩惱。**當你感到煩惱的時候，表示你的個性很「正常」**。

也許是環境或周圍的人讓你覺得「自己個性不好」，或是過去被說過的討厭的話、痛苦的記憶令你苦惱。

感到煩惱也沒關係。

當你的個性或想法受到批評時，靜下心問問自己**「那真的是我的錯嗎？」**。

你應該會發現很多時候，「其實不是你的錯」。

Chapter 5

你可以變得幸福

不知道與他人的距離感，不是你的錯

有些人因為拿捏不好
與他人的距離感而煩惱。
這些人通常是在能夠自由說出
自己的感受、選擇喜歡的東西、
即使徹底失敗仍然被接納，
這樣了解安心感為何的童年時期，
經常「必須看大人的臉色行動」。

有些人因為自我肯定感低，
甚至會覺得「很抱歉來到這個世上」。

＊曾經因為說太多自己的事感到後悔
＊花很多時間才能信任他人
＊無法談論有關自己的事（心防很重）
＊與他人變親近後，因為距離感而煩惱
＊一旦變得親近就會過度付出，令對方感到束縛
＊為了不被討厭，勞心傷神
＊突然單方面斷絕關係

你也有這些煩惱嗎？

這些都是「不知道如何拿捏與他人的距離感」的人會有的煩惱。

「雖然很難和他人變親近，但一旦變得親近，就會過度縮短距離」，這是他們的共通點。

縮短距離並非不好的事，花時間變親近也不是不好的事。這表示你很認真地想和對方建立關係。

與對方的距離縮短時，如果覺得「很愉快」、「很安心」，就可以認為是彼此之間適當的距離。

那麼，什麼情況下，你會因為與他人的距離感而煩惱呢？

怎麼做才能不再因為與他人的距離感而煩惱呢？

改變個性？

改變想法？

學習人際關係的技巧？

其實，這些都不是正確的做法。

最先應該做的是，了解自己對於什麼感到不安。

想要更接近對方而過度縮短距離，或是單方面斷絕關係，追溯源頭全都來自於不安。

許多人會拚命努力改變自己的個性或想法，**然而追溯「容易感到不安的原因」，大部分都是來自童年時期的親子關係。**

如果是在不管自己怎樣都能被接納的環境下長大，長大之後內心只會有些微的不安。這種情況非常幸運。

另一方面，若是在父母經常心情不好，動不動就發脾氣的環境下長大，對於緊繃的氣氛會感到非常棘手。與其說是為了討好對方，通常是為了「不被討厭」而採取行動。

小時候總是聽父母抱怨的人，看到別人說悄悄話時，心裡會感到不安，覺得「他們是不是在說我的壞話……」。
有些人在無法自由說出自身感受的環境下長大，所以不擅長說出關於自己的事。與其說是「不擅長」、「做不到」，其實只是因為小時候沒做過，所以「不習慣」而已。

請試著回想你從他人那感受到的「不安」。

好像被討厭了？
感覺被排擠？
希望對方更了解自己？
無法相信對方的心情？

或許這些「不安」都是你小時候對父母有過的感覺。

你有自信說自己被父母關愛嗎？
不管你怎樣，父母都會接受你嗎？
你認為父母理解你嗎？

在對「父母」感受到的不安未消除的狀態下長大，面對「他人」時也會有相同的不安。

這正是與他人的距離感造成煩惱的原因。
為了距離感而煩惱，並不是你有問題。

舉例來說，家庭好比「駕訓班」，在你出社會（開上路）之前，必須在家裡學會規則，練習人際關係方面的溝通。

不知道與他人的距離感，是因為小時候沒學過。即使學過，若是只學習父母私自訂下的「家規」，人際關係還是會不順利。

假如父母什麼都沒教你，為了知道哪些是「不需要的規則」，請試著想一想前文提到的「不安」來源。

不過，我並不是要說「這些都是家庭環境的錯，還是放棄吧」。而是既然父母沒有教你，你只要自己學會就沒問題了。

「像我這樣的人」、「反正……」，
會有這種想法是過去的某件事造成

假如心裡有「像我這樣的人」、
「反正……」的想法
就會忽視別人伸出的援手。
即使注意到別人在幫助你，
也會試圖掙脫。
其實你已經可以為了自己而活。

即使無法那麼想也不要自責，
因為你一直生活在那樣的環境，
一直都是那麼努力了啊。

「像我這樣的人」，你是否也這樣想過？

那麼，你為何會這樣想呢？

有些人會說「因為我沒價值」、「像我這樣的人，就算消失了也不會有人感到困擾」。

但多數的情況並不是真的沒價值而產生了「像我這樣的人」的想法，**而是過去的某件事讓你這麼想。**

像是在家裡感到疏離，覺得兄弟姊妹比自己更受到重視、總是被比較，過去這樣的家庭環境使你產生了「像我這樣的人」的想法。

跌倒了被笑、營養午餐吃不完很痛苦、被罵經常忘東忘西、聽到朋友說自己的壞話等，**這些小時候討厭的記憶也會使你產生「像我這樣的人」的想法**。

你是否曾經覺得「反正……」，所以放棄了呢？

和「像我這樣的人」一樣，許多人覺得是自己的個性或想法有問題，**但其實大部分是因為過去的影響而感到「做了也沒意義」、「白費力氣」**。

有些人體驗過期待落空的失望，就會放棄期待，因為這樣就不會受到傷害。

有些人體驗過信任卻遭到背叛的痛苦，就會放棄信任，因為不相信就不會陷入痛苦。

有些人感受不到父母的關愛，就會產生想被愛又害怕被愛的心情，覺得自己摸不清被愛的感覺，就像是對於第一次體驗到的事感到困惑、不安。

希望被幫助的時候沒有獲得幫助，希望別人不要管的時候又被嘮叨，拜託對方卻遭到拒絕或背叛……

這些經驗不斷累積，就會被「反正……」這種消極想法強烈洗腦。

因為覺得「反正沒人會幫我」，所以忽視對你伸出援手的人。

就像是買彩券，心想「反正不會中」，放著不管就不知道到底有沒有中獎。因為「反正……」而放棄，就像是想著「應該沒中吧，我不想感到失望，還是別對獎了」，這樣豈不是很可惜？

「像我這樣的人」、「反正……」這些不安的背後，或許隱藏著「過去的某件事」。

請先察覺到有這樣的可能性。

不要覺得是自己的個性有問題，那是「過去的某件事」造成的影響。只要知道那個影響是什麼，「像我這樣的人」、「反正……」這些消極的情緒就會逐漸消退。

痛苦難受的日子過久了，
你就會把「不幸」或「辛苦」視為理所當然的事。

所以，當你想要變幸福的時候、
某人重視你的時候，
或是想要擺脫辛苦環境的時候，
就會忍不住抑制這些念頭。

大腦討厭變化。
不管那個變化是好或壞，
對大腦來說，就只是「變化」。

所以會出現想抑制改變的念頭。

首先告訴自己「變幸福也沒關係」，
像這樣相信自己，允許自己那麼做。

你是否因為過去被說過的討厭的話而感到痛苦？

被稱讚「你做得很好喔」會感到茫然，
也許是因為過去一直被說
「你不行」、「你還差得遠」。
被稱讚「你很棒喔」會感到茫然，
也許是因為過去被責罵的次數較多。

聽到別人說「最喜歡你了」會感到茫然，
也許是因為從未確實感受過被愛，
所以覺得不安。

假設有兩個顏色、形狀、型號年份相同的時鐘擺在一起。

一個被貼上「劣質品」、「NG品」、「沒人要，半價賣！」的標籤，另一個被貼上「頂極品」、「最受歡迎」、「用心製作」的標籤。

你對這兩個時鐘會有怎樣的印象呢？

是不是會覺得一個是很棒的時鐘，另一個是便宜貨呢？

明明是相同的時鐘，因為「貼上的標籤」，給人的印象也會截然不同呢。

這就像是「我們的內心」。

小時候，身邊的大人（特別是父母）**對我們說過的話，就像標籤那樣牢牢貼在我們的心上。**

若是正面的話語倒還無妨，若是負面的話語，那就麻煩了。假如小時候被貼上的「語言標籤」一直沒有撕除，長大後就會殘留在心裡。

如果經常被說「你做什麼都做不久」，就像在你的心裡貼上「沒耐性」、「做事三分鐘熱度」、「慣性放棄」的負面話語標籤。

其實，說不定是沒興趣才做不久，但因為被貼上了這個標籤，你就自認「我果然做什麼都做不久」，漸漸地真的變成做什麼都做不久的人。

無法坦率接受對方溫柔的話語，也許是因為過去某人對你貼上的「負面話語標籤」所致。

尤其是小時候，平常聽到的話語容易變成標籤貼在心裡。**「因為你很像**

我，所以○○」、「因為你很像爸爸，所以○○」，這些父母說過的話直接變成「我就是○○」的標籤。

試著回想看看「過去聽到的話語」是否令你感到痛苦？

保留父母說過的「正面話語標籤」，把不需要的「負面話語標籤」全撕掉，然後再自己貼上「正面話語標籤」。

不需要卯起來拚命努力。
因為是慢慢來，所以不容易察覺，
但你確實正在向前邁進。

感到煩惱、困惑或沮喪，
表示你並未停下腳步。

沒問題的！

現在依然喜歡或討厭自己都沒關係

無論快樂的時候、痛苦的時候，
一直在身邊的人都是「自己」。
勉強擠出笑容、
已經不想努力卻硬撐著，
了解當時真實感受的人也是自己。
真正能夠理解你的人，只有你自己。

現在依然喜歡或討厭自己都沒關係。
試著認同「這樣的自己也不錯啦」。

「認同真實的自己。」

「喜歡自己吧。」

「重視自己吧。」

關於變幸福的方法，有些人會提出這些主張。

的確，如果能這麼想就會覺得充滿活力，人際關係的煩惱或煩心事也會減少，每天變得比現在更快樂。

「想要認同現在的自己」，你也有這樣的想法嗎？

如果「是」的話，請接著讀下去。

請再回答一個問題：

你討厭現在的自己嗎？

厭惡的地方、想改變的地方、討厭的地方很多嗎？

如果你的答案是「不是」，請試試看書籍或社群網站上提出的「變幸福的方法」。

能否認同現在的自己，關鍵在於當你「很想認同自己」的時候，會不會採取行動。

如果你的答案是「是」，請先試著停止「自責」。

依然無法喜歡自己也沒關係，覺得有很多討厭的地方也沒關係。

請試著想像一下。

有個很討厭你的「A」。

每次見到你，總會指責「你這裡不行」、「你那裡要改一改比較好」。當他心情不好的時候，甚至會直截了當地說「我討厭你！」。

某天A對你提出這樣的要求：「雖然我討厭你的個性，但希望你喜歡我。」

那麼，你有辦法喜歡A嗎？

有些人會覺得「必須喜歡」而感到有壓力，有些人會很傻眼，認為「怎麼可能喜歡」，有些人會生氣地想「為什麼我得喜歡你？」。

「雖然討厭自己，卻想認同這樣的自己」也是相同情況。**這就像是被要求去喜歡討厭你的A。**

「我這點不好」、「我想改掉這樣的個性」，當你為此感到自責，就像被A指責一樣，會對你的內心帶來傷害。

越是努力去喜歡的人，越會責怪「做不到的自己」，請試著轉念一想，「就算還沒辦法喜歡自己也沒關係，討厭也沒關係，不要責怪自己」。只要不責怪自己，就會不那麼討厭自己。**不討厭自己，可能就會變得喜歡。**

「雖然討厭卻想變得喜歡自己」的人，請先從簡單的地方開始，試著告訴自己「不要自責，沒關係的」。

現在、過去……
和你一起忍耐、一起努力的人
都是你自己。

就算有討厭的地方也沒關係。
這世上沒有人是完美的。
可是，今後你還是會和自己在一起，
所以稍微認同自己也沒關係。

為了自己
放下討厭的記憶

想擺脫過去的記憶卻害怕放下，
也許是因為覺得「自己」會變得空虛。
別擔心，你只是放下
「現在的你」不需要的東西，
你的人生不會變得空虛。

即使放下怨恨，曾經忍耐過來的經驗依然存在。對今後為了自己而活的你，這是必要的事。

放下（忘記）討厭的過去，或許會讓你因為「害怕以往的努力彷彿都會消失」、「覺得過去的努力都白費了」而感到不安。

不過，才沒那種事。

曾經努力過的事實不會消失，你的努力也不會白費。那些經驗早已成為你的技能。

沒人知道你過去的經驗將會在哪裡被如何運用。

但能夠確信的是，**有時會在意想不到的情況，以出乎意料的形式幫助你。**

和各位分享一個例子。

有位護理師因為受到職權騷擾被迫離職。後來她轉職去做很想做的設計師工作，但當時職場裡只有她是菜鳥。儘管對於和周圍的落差感到沮喪，她也活用護理師時期的經驗，重視與他人溝通，靠著「從對方的立場看到的設計」獲得成功。

即使會有人說「在現在的職場做不下去的話，到哪裡都無法工作！」，但根本沒有這種事。有些人三年內換了八次工作，終於在第八個公司發揮所長。

我們的時間、體力和金錢都有限。

因此，有時必須放下某些東西。

對於過去感到怨恨、生氣或難過，想著「這樣好嗎」、「或許有更好的方法」也會耗費你的時間和體力。**回想討厭的記憶會剝奪你思考快樂事情的**

時間。

放下討厭的記憶是為了自己。

原諒、放下怨恨、停止生氣，不是為了那個做出你討厭的事的人，**全都是「為了自己」。**

所以，當你覺得「把時間或體力花在那種人身上很可惜！」的時候，那就為了自己，放下過去吧。

但如果是因為聽了某人的建議，或是為了某人放下討厭的過去，你會感到後悔。

因為每個人都有「面對事情的時機」。

必須在體力充裕、環境適合、作好心理準備的狀態下，面對那件事。

所以，當你有了「放下討厭的過去，應該會變得輕鬆吧！」的念頭時，請試著去面對，那正是你的最佳時機。

現在的你
可以為了自己而活。

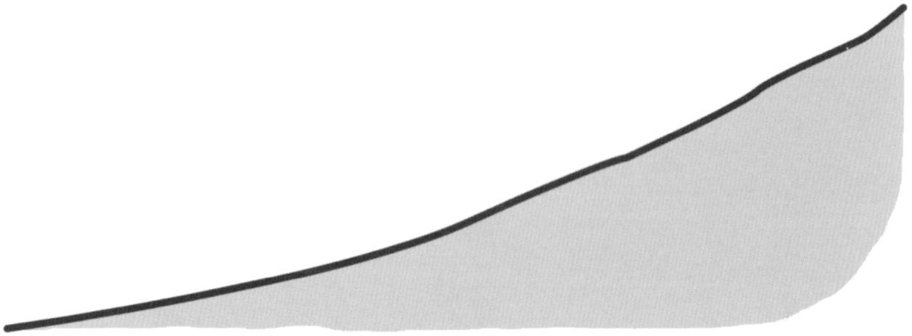

從今以後，我只為自己呼吸

討厭被他人提問的三個原因

有些人「討厭被問問題」。
雖然習慣傾聽周圍的人說話，
卻討厭被問到自己的事情。
有時還會覺得被詢問像是受到責罵，
害怕暴露真實的自己。

這類型的人通常小時候會
「盡可能不耍任性，減輕家人的負擔」，
所以會為了與他人的距離感而煩惱。

「為什麼要那麼做？」
「你是怎麼想的？」
「說說關於你的事啊！」

聽到別人這麼說，你會覺得心平靜氣嗎？面對別人的提問，你能夠忠於自己的感受回答嗎？

你會為了要怎麼回答而沉思，或是立刻反駁，又或是「嗯——」地陷入沉默嗎？

不少人進行心理諮商時會說「我不擅長回答問題」、「我討厭被問問題」，理由其實很多，如果有一百個人就有一百種理由。

接下來針對「不擅長回答問題」的人常見的三種原因進行說明。

原因1 不想被他人知道自己的事

這類型的人，通常覺得父母對自己不感興趣。認為自己不有趣、缺乏值得讓人知道的內涵，或是知道之後，對方也只會感到失望……覺得自己沒價值，於是產生「不想回答問題＝害怕被對方知道自己的事」的心情。

覺得「對方的價值＞自己的價值」的人，雖然不善於回答問題，卻能輕鬆地向別人提問。

原因2 覺得對方的提問像是盤問

這類型的人，通常是小時候受到大人諸多控制的人。

父母干涉自己能夠做到的事、父母決定了一切……也就是在過度干涉的家庭中長大的人，容易變得「不擅長回答問題」。就算說了自己的意見也是白說（反正必須照著父母說的話去做），所以對於回答問題感到有壓力。

原因3 覺得被對方提問是受到否定

這類型的人，通常在表達自己的意見時，會受到父母否定。

「那樣很奇怪」、「你太天真」、「那樣行不通」、「你這樣不行」，有些人是像這樣被毫不留情地否定過，有些人是被強迫接受父母的意見，例如「媽媽覺得這樣才對」、「這都是為你好」等，於是就會認為「自己（孩子）的想法被否定」。

除了言語，有時也會從父母的態度感受到「好像受到否定」。

不擅長回答某些特定的提問，起因可能就是父母曾經說過的話。

舉例來說，如果父母問孩子「你為什麼要這麼做?!」。

感覺像是提問，但在親子關係上，**這種說法不是詢問意見，通常是責罵。**

好比打翻杯子裡的水，如果父母生氣地說「你為什麼要這麼做?!」，對孩子來說那不是提問，而是「不准這麼做！」。假如孩子還找藉口辯解，父母可能會更生氣。

過去的影響殘留在心中，長大之後，工作上若被問到「你為什麼要這麼做？」，只會覺得對方是在說「你很奇怪」、「一般人不會那麼做」。

儘管對方是真的想知道理由才提問，但因為過去的影響，讓你產生「被罵了！」的警戒心。結果，你就無法說出自己的意見而陷入沉默，或是立刻強烈反駁，演變成糾紛。

不擅長回答問題，完全沒關係。

不必因為不擅長就覺得「必須改變」、「必須學會好好回答」。

只要你不覺得困擾，那就沒關係。

其實多數的情況，對方也真的只是在「問問題」而已。

如果經常因為對方的提問導致糾紛，或許可以試著思考「為什麼自己會不擅長回答問題」。

了解不擅長的理由，說不定會減少因為被提問導致糾紛的情況。

糾紛變少，每天的壓力也會頓時減輕不少。

Chapter 6

消除心累的方法

累了的時候，
試著對自己說「啊，我很努力了！」

累了的時候，
試著對自己說「啊，我很努力了！」。
這麼一來，疲勞就會變成滿足感。
出現「像我這樣的人……」的想法時，
就試著在最後加上「所以」。
例如，「像我這樣的人很容易受傷……
所以我說話很謹慎」。

即使是同一件事實，「說法」改變，內心的狀態就會大幅轉變。

有人說要消除身體或心理的疲勞時，「消除壓力是最好的方法」。
不過，這是很難做到的事，對吧？
接下來為各位介紹「改變看法」的兩個方法。

第一個方法是，**把平時常說的話「換成別的話」**。
就算無法改變發生的事，只要改變說法，「對事情的印象」就會變得截然不同。
因為自己說的話會進入「自己耳裡」，光是改變平時說的話就能平息怒氣，不易感到沮喪，消除內心的疲勞。

舉例來說……

＊啊，好累……⇓**啊，我很努力了！**

＊可惡——那傢伙真是氣死人了!!⇓**我不管了！**

＊只剩下十分鐘……⇓**還有十分鐘！**

＊我只會〇〇……⇓**我完成〇〇了！**

＊為什麼我會變成這樣……⇓**這就是我啊！**

請各位想一想，「喜歡自己的地方」和「討厭自己的地方」，哪一個比較多呢？

第二個方法很適合「討厭自己的地方」很多的人。

感到自責、沮喪失落時，請加上「所以（不過，也因為這樣）」這一句。

舉例來說……

＊我不擅長主動開口說話。

⇓ 我不擅長主動開口說話，**所以我很擅長傾聽別人說話。**

⇓ 我不擅長主動開口說話，**所以我很少說錯話。**

*我比別人容易感到疲累。

⇓ 我比別人容易感到疲累，**所以我不會勉強自己。**

⇓ 我比別人容易感到疲累，**所以我很了解累的人的感受。**

*事後才感到生氣，真不甘心！

⇓ 事後才感到生氣，真不甘心！**不過，也因為這樣才沒有引起糾紛。**

⇓ 事後才感到生氣，真不甘心！**不過，也因為這樣才沒有傷害到別人。**

我和那傢伙不同。

加上「所以」，就會從討厭的地方發現「喜歡的地方」，從感到沮喪的事中找到「稱讚的點」，很有趣喔。

也許習慣這麼想之前會覺得很辛苦，但請試著當成在參加問答比賽那樣挑戰看看。

順帶一提，「所以」的部分沒有正確的說法。你想到的都是正確的說法，只要不是自責，怎麼說都可以。

大腦本來就很負面。
為了保護身體遠離危險，
比起快樂的事，
更容易記住討厭的事。

因此，不必覺得
「我得改掉負面的想法」，
不那麼做沒關係。

如果覺得想法太負面，
活得很累，
那就試著投入一些正能量。

對自己說溫柔的話的秘訣

假如，有人願意接納你的一切，
無論是好或壞的部分全都接納。
你希望那個人對你說什麼呢？

希望你也試著對自己說那些話。
不必對自己那麼嚴格。
對自己親切，不會造成別人的困擾。

「對自己說些溫柔的話吧！」

……願意說「好！」並這麼做的人，我想應該很少。

有些人會覺得「對自己說溫柔的話是無意義的蠢事」，也有人會感到困惑，覺得「不知道該對自己說什麼」。

其實，這個方法對覺得「這麼做是無意義的蠢事」的人會發揮極大效果。

因為會這樣想，可能是平時經常「對自己說很嚴格的話」。

「你就是這點不好！」、「你要這樣做！」，總是處處針對你的Ａ，以及「你很努力呢」、「這個做得很好啊！」，總是認同稱讚你的Ｂ，你會喜歡誰？會想聽誰說的話呢？

「應該是Ｂ吧——」，如果你這麼想，請試試這個方法。

對自己說溫柔的話，就是讓自己變得「像Ｂ那樣」。

只要把對待自己的方法從Ａ變成Ｂ，就會更喜歡自己，自責的次數也會大幅減少。

話雖如此，突然被要求「對自己說溫柔的話」，還是會覺得不知所措吧。

那麼，先試著想一想「你最喜歡的人」。

對象是身邊親近的人也無妨，或是你最支持的人（偶像、藝人、動漫角色）也可以。重點是想起這個人時，你會覺得「這個人說的話我會聽!!」。

那個人對你說什麼會讓你心情雀躍？
那個人怎麼稱讚你會讓你很開心？
當你心情低落時，那個人說什麼會讓你很高興？
沒有勇氣的時候，那個人說什麼會讓你產生動力？

試著在腦中想像這些答案。
擅長想像的人，**可以想像「對方說話的樣子」**。
想不太出來的人，請試著去想「如果換成是我對那個人說……」。

＊假如那個人心情低落，我會如何安慰他？
＊為了鼓勵那個人，我會說什麼？

把想對那個人「這樣說」的話，也對自己說。

把想對重要的人說的話對「自己」說。多練習幾次，你就會漸漸地懂得重視自己。

「對自己說溫柔的話」的關鍵是，認真想像。

「記住」對自己說的話也很重要。如果沒記住，很難馬上想到。

可以寫在紙上或存在手機的記事本，養成「有需要就拿出來看」的習慣。

無論是做得到，或是因為做不到而沮喪的時候；無論是提不起勇氣，或是想責怪自己的時候，請看一下這些「對自己說的溫柔話語」。

也許剛開始會不習慣，但只要每天做，大概一至兩週就會習慣了。到了第三週，就算沒看提醒也能夠自然而然地說出口。

把對別人說過的溫柔話語
也對自己說。

對於早上很難起床的人，
你應該不會責罵對方
「別那麼懶散！」吧。

對於已經努力卻做不好的人，
你會責備對方
「全都是因為你努力不夠」嗎？

試著回想看看，
你是否對自己太嚴格了。

為了以防萬一，
先準備好「照顧自己的方法」

擅長照顧別人
卻不會照顧自己的人，
出乎意料的多。
其實，不是「不會」，
而是小時候沒學過，
所以「不習慣那麼做」。

為了緊急時刻不會手忙腳亂，
先準備好「照顧自己的方法」。
因為如果有斷絕負面循環的方法，就能盡快恢復。

你家裡有感冒藥、止痛藥或ＯＫ繃嗎？
為了以防萬一，應該很多人都有預先準備這些東西。

同樣地，請你先準備好「照顧自己的方法」。
當身心狀況不佳時，會沒有餘力去思考「該怎麼恢復」，所以要趁有精神的時候先準備好。

「趁有精神的時候先準備好」，這麼做是有原因的。

例如，受到責罵，心情低落的時候，若被問到「你的夢想是什麼？」，你也沒有心力回答，對吧？有些人甚至會生氣地說「我不知道什麼夢想啦！」、「少煩我！」。

但假如是中了彩券，心情雀躍的時候，被問到「你的夢想是什麼？」，你會有怎樣的反應呢？比起前者的情況，應該會很愉快地回答吧。

精神好與精神不好的時候，「想到的點子」、「想到的答案」截然不同。精神好的時候，容易說出讓自己有活力的正面回答，所以我才會建議各位「趁有精神的時候準備好照顧自己的方法」。

接下來為各位介紹在「沒精神」、「沮喪低落」、「感到自責」的時候使用的方法。

若是在累到快昏倒、心情低落、什麼都不想做的狀態下，效果會減半，所以「請盡早使用」這些方法。就像感冒一樣，初期最重要，如果拖到惡化了，要花更多時間才能恢復。

那麼，為了找到「照顧自己的方法」，請回答以下三個問題。

問題1

有沒有讓你吃了或喝了會有精神的食物或飲料？

沒有的話，請回答你喜歡的食物或飲料。

越是拚命的人，疲累的時候越常會有「要努力消除疲勞」的想法。不過，當身心疲累的時候，嘗試各種方法反而會變得更累，產生反效果。

所以，希望你試試看，不必做任何努力，就能由大腦開始主動恢復精神的方法。**那就是享用美食。**

享用美食會讓大腦釋出多巴胺這種快樂激素。

這麼做可以一次獲得兩種滿足感：實現了「好想吃！」願望的滿足感，以及享用美食得到的滿足感。

不過，正在進行瘦身的人「對於吃東西的罪惡感」會比較大。這時候請試試「問題2」或「問題3」的方法。

罪惡感是很麻煩的感受，它造成的心情低落超乎你的想像，所以請選擇不容易產生罪惡感的方法唷。

問題2

你覺得是身體累，還是心裡累？

如果是因為煩惱或擔心的事讓內心疲累，有時候光是休息也無法恢復。

因為一直在思考而覺得累，當務之急就是停止思考。

這時候，最好去做能夠讓你專心投入的事，像是打電動或看漫畫。或是什麼都不想，能夠集中進行的單純作業，例如「切碎蔬菜」、「清理水槽」等。

想一想有什麼可以打發時間，又能讓你不去思考的方法。

如果是身體疲累的話，那就去休息。

光是坐著，身體也會消耗能量。什麼都不做去睡覺是最好的，若因為壓力睡不著，那就試著躺下來。

平常總是自己做飯的人，「今天去買現成的菜」也沒關係，休息不打掃也OK。我得照顧孩子……像這類的事，可以用遊戲或YouTube影片幫忙。如果因為沒去做的事產生罪惡感的話，試著去想「反正等我有精神的時候再做就好」。

問題3

假日要獨自度過。在家裡放鬆休息或外出，你比較喜歡哪一個？

有些人外出遊玩會恢復精神，有些人在家裡放鬆休息會恢復精神。

不過，「總是在意周圍的人」、「忍不住察言觀色的人」，外出通常會有反效果。

試著回想過去。

沒精神的時候外出，你會變得有精神嗎？還是反而變得更累呢？

沒精神的時候獨自待在家，你會恢復精神嗎？還是反而變得更低落？

這沒有所謂的正確或不正確，試著從過去的經驗找出「對自己最理想的方法」。

三分鐘熱度也沒關係

三分鐘熱度也沒關係。
只做了三天就放棄，
也許是你發現那個方法不適合你。
試著去想「還好不是三年後才放棄」。

「又不行了」與其這樣自責，
不如想成「持續了三天呢！」，
這麼想會讓你的心變得有活力。
這世上有很多方法，沒關係的。

＊做什麼都做不久
＊很快就膩了

有什麼事讓你有這樣的感覺嗎？

回答「有」的人，請再回答一個問題。
你覺得「這麼想的自己很糟糕」、「必須改變」嗎？

會問這個問題，那是因為「做不久」或「容易膩」都不是不好的事。做不久或容易膩都是有原因的。雖然人們經常聚焦在做不久的壞處，其實「做不久的好處」也很多。

說到持之以恆的好處，通常會想到：

＊可以提升技能
＊促進成長
＊培育不輕易放棄的心態

不過，請你仔細想一想。

如果不持續做「那件事」，就無法提升技能嗎？放棄「那件事」去挑戰其他事，就無法提升技能嗎？

不放棄有時能促進成長，**但有時放下「不適合自己」的事，去尋找適合自己的事也會促進成長。**

不放棄的心態很棒。

不過，死守著這種心態，最後也可能毀掉新的可能性或將來。

或甚至那些你覺得「不想放棄」的事，其實對你來說根本不是重要的事。

你會覺得「做不久很糟糕」的原因，有時其實是父母的價值觀。

父母覺得「不好的事」，孩子也「不會覺得是好事」。父母的價值觀會無意間對孩子造成影響。

認為「做不久不行」的人，請試著思考「持續的好處」與「不持續的好處」。

持續的好處是「父母的意見」，不持續的好處是「自己的真心話」，通常

很多人會這麼想。

如果「做不久不行」是你的真心話，那就別放棄，繼續做下去。

但若「做不久不行」是父母的意見，請試著去想「沒有什麼做不久不行這種事」。

一直把「做不久不行」視為理所當然的人，**請試著從增加「不持續也沒關係，放棄也沒關係」這樣的選項開始。**

首先，請想一想關於「放棄的好處（不持續的好處）」吧。

換下一個！這麼想沒關係。

挑戰了以前沒做過的事，
光是這樣就已經很棒了。

面對新事物，你不是只做了三天，
而是持續做了三天喔！

如果對你來說，那真的是有必要做的事，
一定會再遇到可以重新開始的時機。
或許一個月後或一年後，
你會想「還是再來做做看吧」。

覺得不安的時候，
請先思考「現在」

明天、一個月後、一年後……
有些人想到將來的事會感到不安。
那是因為「無法預知」將來。
大腦對於無法預知的事容易感到不安。
不安會引起恐懼，
讓你想像起負面的將來。

沒事的！
你不是想太多，
請先想一想「現在」該怎麼過。

明天、一年後、十年後……試著想像自己會變得怎樣。還在做現在的工作嗎？有沒有金錢方面的問題？過得幸不幸福？……你是否產生了各種不安呢？

對於將來的事會越想越不安是人的習性。

那是因為，人無法預知將來。

對於「無法預知的事」，大腦會想辦法解決。

不斷思考，想東想西，追尋記憶，拚命尋找答案。

接下來，請看一看下頁的三題填空，但是不回答也沒關係。

＊ 9×9＝【　】

＊ 奶油【　】芙

＊ 日本環球【　】城

怎麼樣呢？

儘管前文說「不回答也沒關係」，你的大腦卻已經想到了答案。

其實，**人類的大腦有「無意識填補空白」的特性**。

若是這種簡單的填空問題倒還好，但對於將來的「空白」，沒人能回答。因為想不出答案，大腦會被困住，持續地思考。

究竟大腦裡發生了什麼事？透過一個例子來想一想。

【例】睡前想到「為什麼我不能像大家一樣做得好」，想起過去的失敗，心情低落。

這個情況的疑問是「為什麼我不能像大家一樣做得好」。

大腦為了解決這個疑問，開始尋找「不能像大家一樣做得好的原因」。

＊比起其他人，自己能力不足

＊做事沒效率

＊這麼說來，父母也說過「○○很能幹，你卻……」

大腦會從記憶中收集「做不好的原因」。

接著會發揮「填補空白的習性」，設法拼湊出「無法像大家一樣做得好的自己」的形象。

因為沒有正確答案，大腦不會停止思考，只是一股勁地收集「做不好的理由」，結果讓你的心情更加低落。

事實上，大腦根本不在意「那是怎樣的空白（疑問）」。它只是因為「討厭不知道，所以想填補空白」而持續思考。因此，對於前例那樣的負面疑問，也只是拚了命地想填補空白而已。

不過，請放心。

大腦「填補空白的習性」並非只針對負面的疑問。

對於正面的疑問，大腦也會發揮這個習性。

就像負面的疑問會擴大負面的心情，**正面的疑問也會擴大「正面的心情」**。

所以，不要執著於問題點，而是著眼於解決方法，不安就不容易擴大。

例如，心情不好的某人令你感到棘手。

這時候去想「那個人為何老是不高興？」，大腦就會開始尋找「那個人不高興的原因」。

可是，答案只有對方才知道，所以大腦會持續不斷地思考。

如果是著眼於解決方法，就會去想「怎麼做才不會在意心情不好的那個人」。**當問題變成自己的事，就會找到解決方法。找到解決方法就不會一直去想某人的事。**

不斷思考陷入不安，並非你的個性所致。

不要責怪自己的個性，請記住「這是大腦的習性」。只要減少自責，你的心就會變得輕鬆。

假如心中的不安仍然會擴大，請試試看**「不去想問題點，聚焦在解決方法」**吧。

大腦對於不知道的事容易感到不安。
不安持續下去就會變成恐懼，
尤其是在累的時候更是如此。

因此，當你對將來感到不安時，
請試著去想如何度過「現在」。

現在要看什麼？
現在要做什麼？現在要聽什麼？
現在要吃什麼或喝什麼？

現在最重要！

有時候什麼都不想做也沒關係

有時候什麼都不想做也沒關係。
你會這麼想，那是因為你一直很努力。
休息一下，讓自己恢復精神。
也許會遇到什麼都做不了、
心情低落的日子，那樣也沒關係。
那表示你累積了許多疲勞。

總是努力過頭的你，如果可以什麼都不做好好休息，那就是「做得好」。

要把做不到的事變成「做得到」，很辛苦。

不過，要把已經在做的事變成「不做」，更辛苦。

做到「做不到的事」會有成就感，覺得自己有所成長。

也會容易獲得周遭的認同，所以能夠努力做下去。

可是，努力「不做」已經在做的事，周圍的人不會稱讚你，有時還會被責怪「為什麼不做」。

可以做卻選擇「不做」會產生罪惡感或焦慮，想要輕鬆會感到內疚。

最後，明明已經筋疲力盡，還是一如往常地行動，這樣的人很多。

有些人明明在家裡動不了，去了公司卻能動起來。去不了公司很難受，但只有去公司才能動起來，心裡也會出現「不被理解的辛酸」。

一直以來沒有休息的你，如果能好好休息，那就是「做得好」。

你的情況並非「糟糕，我休息了……」，而是「終於可以休息了」。

也許很難感同身受，但這就像是老在休息無法努力的人如果「變得能夠努力」一樣，是很了不起的事。

請試著回想小學的時候。

每天準時交作業的同學，連續好幾天忘記交作業，就會被罵「為什麼忘了?!」。

而總是不交作業的同學，只是交了一天作業，卻被稱讚「你很棒喔」。

每天努力打掃的同學，連續好幾天偷懶的話，就會被罵「平常都很認真打掃，為什麼不持續下去?!」。

但每天偷懶不打掃的同學，只是努力打掃了一天，卻被稱讚「只要肯做，你也做得到啊！」

如今這個時代，讓每天都很努力的人「很難休息」，認真做事有時會覺得很傻，也會覺得老是在做苦差事吧。

聽到別人說「那你不要努力就好啦」，如果會去想「啊，對喔，那我不管了」也就算了。然而，多數翻閱本書的人是因為「害怕放棄」。

一直以來很拚命的人會覺得「哪有那麼簡單」、「能放棄就不會覺得辛苦了」。

話雖如此，人的體力也有極限。

一直都很努力的你，必須停下來休息一下，也許那個時間點就是「現在」。

覺得動不了、努力不了、沒有幹勁而焦躁的話，**請試著去想「為了接下來能夠繼續努力，現在休息只是在充電而已」**。

對於「做不到的自己」感到自責的話，請試著告訴自己「做得好，終於能夠休息了」。

與其責怪自己，認同自己才能盡快恢復。

其實，有時候什麼都不想做也沒關係。
什麼事都不做，真的沒關係喔。

不過，總是會有讓你覺得「不做不行」的事，
所以你會感到不安、焦躁。

什麼都不想做是內心疲累的警訊。
什麼都做不了是身體疲累的警訊。

身心是一體的，
這時候請稍微停下來。

睡個覺也好，
發呆也好，
打電動也好，
看看喜歡的偶像
也OK！

你今天
也已經
努力過囉！

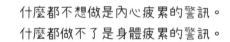

參考文獻

凡恩・瓊斯（Vann Joines）、艾恩・史都華（Ian Stewart）著，易之新譯，《人際溝通分析練習法》（*TA Today: A New Introduction to Transactional*），張老師文化，一九九九年。

唐恩・卡特（Don Carter）著，《消融成人／兒童症候群和其他相互依賴模式》（暫譯，*Thawing Adult/Child Syndrome and other Codependent Patterns*），CreateSpace Independent Publishing Platform，二〇一二年。

蘇珊・佛沃（Susan Forward）著，葉佳怡譯，《母愛創傷：走出無愛的陰影，給受傷女兒的人生修復書》（*Mothers Who Can't Love: A Healing Guide for Daughters*），寶瓶文化，二〇一七年。

伊蓮·艾融（Elaine N. Aron）著，謝雅文、曾婉琳譯，《啟動高敏感的愛情天賦：幸福是你與生俱來的感受力》（*The Highly Sensitive Person in Love: Understanding and Managing Relationships When the World Overwhelms You*），三采文化，二〇一八年。

國家圖書館出版品預行編目資料

從今以後，我只為自己呼吸：38種活出自己的療癒練習 / Poche 著；連雪雅 譯. -- 初版. -- 臺北市：平安文化有限公司, 2024. 05
240面；21×14.8公分. --（平安叢書；第795種）(Upward ; 155)
譯自：あなたはもう、自分のために生きていい
ISBN 978-626-7397-40-4（平裝）

1.CST: 自我肯定　2.CST: 自我實現

177.2　　113005028

平安叢書第0795種
UPWARD 155

從今以後，我只爲自己呼吸

38種活出自己的療癒練習

あなたはもう、自分のために生きていい

作　　者—Poche
譯　　者—連雪雅
發 行 人—平　雲
出版發行—平安文化有限公司
臺北市敦化北路120巷50號
電話◎02-27168888
郵撥帳號◎18420815號
皇冠出版社（香港）有限公司
香港銅鑼灣道180號百樂商業中心
19字樓1903室
電話◎2529-1778　傳真◎2527-0904
總 編 輯—許婷婷
執行主編—平　靜
責任編輯—蔡承歡
美術設計—嚴昱琳
行銷企劃—鄭雅方
著作完成日期—2022年
初版一刷日期—2024年5月

法律顧問—王惠光律師

讀者服務傳真專線◎02-27150507
電腦編號◎425155
ISBN◎978-626-7397-40-4
Printed in Taiwan
本書定價◎新臺幣340元/港幣113元